les fossiles

FRANCE LOISIRS

Ce livre dont le titre original est FOSSILS, a été publié pour la première fois en Grande-Bretagne en 1978 par Ward Lock Limited, 116 Baker Street, Londres.

Il a été traduit par Philippe KELLERSON et Chantal JAYAT, et supervisé par Jean-François POULLEN (Université Pierre et Marie Curie)

Conçu et produit par Grisewood & Dempey Ltd, Elsley House, 24-30 Titchfield Street, Londres WI
© Grisewood & Dempsey Ltd 1978
© SOLAR, 1979, pour la traduction française

Imprimé et relié en Italie par Vallardi Industrie Grafiche, Milan

ISBN édition originale 0-7063-5692-6
ISBN édition française 2-7242-0428-X
Numéro d'éditeur 3984

AUTEUR
MARK LAMBERT

RÉALISATION
KEITH LYE
POH CHEEN HORN

CONSEILLER SCIENTIFIQUE
EUAN CLARKSON
Professeur de Paléontologie
à l'Université d'Edimbourg

SOMMAIRE

Même au XVIIᵉ siècle, cet étrange objet devait paraître effrayant. Ce n'est pas un démon, mais un trilobite fossile, *Calymene blumenbachii*, qu'on trouve dans les roches siluriennes et dévoniennes. Il fut fossilisé " enroulé ", et non " à plat ", d'où son aspect. Ses yeux composites ressemblent à ceux des insectes. Le " nez " est en fait une partie surélevée de la tête, la *glabelle*.

Les fossiles, vestiges d'une vie ancienne

Que sont les fossiles ? Œuvre du Démon désirant nous tromper ? " Travaux pratiques " de Dieu ? Restes de créatures noyées pendant le Déluge décrit dans la Bible ? Jusqu'au XVIIᵉ siècle, ce genre d'explication était couramment admis.

Bien avant l'ère chrétienne, des érudits grecs avaient compris la véritable nature des fossiles. Mais, après le déclin de la Grèce antique, leur opinion ne fut pas retenue. Certes, quelques savants virent dans les fossiles des ébauches de plantes et d'animaux, mais ils croyaient leur formation accidentelle.

Et puis Nicolas Steno, anatomiste danois (1638-1686), constatant qu'ils correspondaient point par point à des plantes ou des animaux, en conclut qu'ils étaient les vestiges, les *preuves,* d'une vie disparue. Les savants modernes en ont la certitude, mais ils savent en outre comment les fossiles se sont formés.

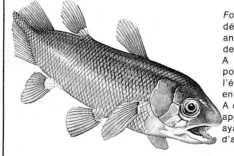

Fossiles vivants : expression désignant les plantes et animaux n'ayant guère changé depuis des millions d'années.
A gauche : un cœlacanthe, poisson connu seulement à l'état de fossile jusqu'à ce qu'on en ait pêché un en 1938.
A droite : un *Ginkgo,* arbre rare appartenant à un groupe végétal ayant prospéré il y a 200 millions d'années.

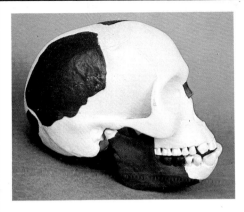

Moulage de la mâchoire de Piltdown, découverte en 1912.
A gauche : crâne de Piltdown reconstitué.
Les parties trouvées à Piltdown sont en brun.

Histoire d'un faux

En 1912, Charles Dawson et le Dr Arthur Woodward mirent au jour, à Piltdown (Sussex), des fragments de crâne et une demi-mandibule droite. En 1913, on trouva sur le même site une canine et des os d'animaux du Pléistocène. Selon les savants, le crâne et la mandibule appartenaient à un ancêtre de l'Homme. Mais après 1949, de nouvelles méthodes de datation furent mises au point, et l'on put affirmer que le crâne était bien humain... mais datait du XIVe siècle après J.-C. La mandibule, elle, provenait d'un jeune orang-outan. Des traitements chimiques avaient été appliqués aux os pour leur donner l'aspect d'authentiques fossiles. Ainsi apprit-on que l'Homme de Piltdown était un faux.

Le naturaliste français Cuvier, reconstitua à partir de restes fossiles un *Megatherium*, animal du Pléistocène (à droite), et montra qu'il était apparenté au paresseux moderne.

feuille de Ginkgo

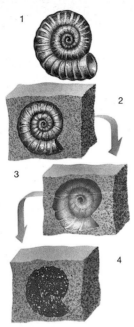

Une fois morte, une ammonite (1) enfouie dans le fond marin (2) se dissolvait souvent, laissant un *moule* fossile creux (3). Si le moule s'emplissait de sédiment, un *moulage* (4) se formait.

Page de droite : Feuille de platane conservée à l'état de pellicule de carbone.

Le bois fossilisé se forme par épigénie. Il contient tous les détails du bois original.

La formation des fossiles

On trouve des millions de fossiles dans les roches de par le monde. Mais ils ne représentent qu'une faible part des milliards de milliards de plantes et animaux ayant existé depuis l'apparition de la vie. Leur formation exige des conditions très spéciales. De plus, une fois formés, des changements intervenant dans les roches les détruisent souvent.

Après la mort d'un organisme, ce sont surtout les parties dures (os, coquille) qui permettent la fossilisation ; les molles (la chair par ex.) se décomposent en général trop vite, mais sont parfois aussi fossilisées (voir p. 13). Pour qu'un fossile se forme, l'organisme doit être rapidement enseveli. Ceci se produit en général quand il est recouvert par des sédiments (vase, sable, etc.) entraînés par les eaux. Aussi les fossiles les plus nombreux sont-ils des restes d'animaux ou plantes ayant jadis vécu dans l'eau (mer, fleuve, lac).

L'étape suivante de la fossilisation dépend des phénomènes chimiques se produisant dans le sédiment.

Remplissage par des matières minérales

Une coquille (ou un os) est en général truffée de *pores,* minuscules trous que viennent combler des matières minérales déposées par l'eau du sédiment. La coquille ou l'os prend alors un aspect pierreux. Pareils fossiles ne diffèrent guère des originaux, à ceci près qu'ils sont plus lourds. Ces fossiles datent le plus souvent de l'ère cénozoïque.

Remplacement (épigénie)

Une coquille enfouie plus longtemps a pu subir de plus grands changements. Ainsi une coquille datant d'entre 230 et 65 millions d'années (ère mésozoïque) a pu se dissoudre et être peu à peu totalement *remplacée* (*épigénisée*) par des matières minérales du sédiment. Le fossile produit est pratiquement une réplique en pierre de la coquille originale. Pour maint fossile, l'*épigénie* s'est faite extrêmement lentement, molécule par molécule. Les moindres détails de l'original sont ainsi conservés.

Pendant le processus d'épigénie, les espaces laissés par la décomposition des parties molles peuvent être comblés par du sédiment. Ce fut souvent le cas pour les " loges " des coquilles d'ammonites. Ces fragiles coquillages devinrent ainsi des objets solides et compacts résistant aisément à la pression des roches qui les enserraient.

Les cellules d'un arbre mort sont trop petites pour être comblées par du sédiment. Mais des matières minérales dissoutes, comme la silice, ont pu s'y infiltrer pour remplacer la matière ligneuse et créer ainsi des fossiles de pierre reproduisant exactement la structure interne du bois. On voit par exemple parfaitement les anneaux annuels dans certains troncs d'arbres *pétrifiés*.

Moules et moulages

Une coquille enfouie peut se dissoudre sans être remplacée par un minéral. Il reste alors un espace creux, ou *moule*. S'il est plus tard comblé par du minéral, il en résulte un *moulage naturel* ayant l'aspect extérieur de la coquille originale. Ces moules et moulages révèlent nettement les détails externes d'un organisme,

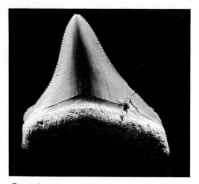

Dent fossile de *Carcharodon*,
requin du début du Crétacé.

mais ne conservent pas sa structure interne. Il arrive que se forme un noyau, moulage de la surface interne d'une coquille, si elle est emplie de sédiment avant de se dissoudre, ou bien lorsqu'elle est remplacée par du minéral ainsi que le sédiment qui l'englobe, le creux étant comblé par la suite.

Avec un peu de chance, on trouve ensemble moules et moulages. Si le moulage naturel a disparu, on peut le reproduire artificiellement avec du plâtre. Les moulages que l'on voit dans les musées sont souvent réalisés par ce moyen.

Autres genres de fossiles

Tous les fossiles n'ont pas un aspect " pierreux ". Les restes de plantes sont parfois transformés en carbone — processus appelé carbonification. Ces fossiles sont de minces pellicules de carbone révélant la forme de la plante. Les graptolites aussi sont souvent conservés ainsi.

Choix de coquilles cénozoïques
en partie perminéralisées et
ressemblant tout à fait à
des coquillages actuels.

Presque tout peut être fossilisé. Œufs, déjections, terriers, empreintes laissent des *traces fossiles,* qui renseignent souvent les experts sur les modes de vie anciens.

Même les parties molles peuvent être fossilisées. On a trouvé des impressions de méduse dans une roche faite de fine cendre volcanique déposée dans l'eau. Mais les fossiles d'animaux entiers sont les plus fascinants.

Des insectes sont conservés dans l'ambre, résine durcie où ils se sont jadis englués. A Starunia (Pologne) on découvrit dans un mélange de bitume et de sel un rhinocéros entier de plus de 10 000 ans et si bien conservé qu'on put examiner le contenu de son estomac. Dans les étendues glacées de Sibérie, on a trouvé plusieurs grands mammouths si bien " congelés " que poils et cuir étaient intacts et que de l'herbe non digérée fut prélevée dans leurs estomacs. Des chiens mangèrent même la viande.

Empreinte du passé. Il y a 150 millions d'années, un dinosaure, *Cheirotherium,* marcha sur une flaque de boue qui durcit et fut ensuite recouverte de sédiment. L'empreinte fut ainsi conservée à l'état de fossile. Bien des gens conservent légumes et viandes dans un congélateur. La Nature procède de même à sa manière. Ci-dessous, ce mammouth fut découvert presque intact dans le sol gelé de la Sibérie. On peut le voir, à présent " naturalisé ", dans un musée de Leningrad.

La lecture des roches

Le granite s'est formé à partir de roches en fusion. Il ne contient pas de fossiles.

Les roches ignées se forment en surface lors des éruptions, et sous terre dans les " sills " (filons-couches), " dykes " (filons d'injection) et batholites. Pression et chaleur de la roche en fusion transforment, " *métamorphisent* " les roches voisines.

Après la formation de la Terre, une large part de sa surface resta longtemps couverte de lave incandescente. Elle finit par se durcir en une croûte solide. Certaines roches en fusion se durcirent dans le sous-sol, formant des roches telles que le granite, appelées *ignées*. Ce mot vient du latin *igneus*, qui veut dire *feu*.

Des anciens volcans ne jaillissaient pas seulement de la lave en fusion, mais aussi des gaz et de la vapeur d'eau (invisible comme un gaz) qui formèrent la première atmosphère. Contenant peu d'oxygène, elle aurait été pour nous irrespirable. La teneur en oxygène n'augmenta qu'après l'apparition des premières plantes véritables, il y a environ 1 900 millions d'années.

De violentes intempéries firent rage sur la Terre neuve. La vapeur d'eau de l'air se transforma en pluies diluviennes, des fleuves bouillonnants dévalèrent des hauteurs, et lacs et mers apparurent. Les fleuves attaquaient et rongeaient les roches, charriant de la matière rocheuse, des blocs aussi bien que de la boue, jusqu'aux lacs et à la mer. Là, tout cela s'amassait en couches épaisses, qui plus tard se comprimèrent pour former de nouvelles roches appelées *sédimentaires*.

Cheminées

Lave

Dyke

Roche métamorphique

Sill

Magma

Batholithe

Plus tard encore, certaines roches sédimentaires furent " re-chauffées " ou compressées ensemble, devenant ainsi des roches *métamorphiques* (*métamorphosées,* changées) qui constituent un des trois grands groupes de roches.

Où trouve-t-on les fossiles ? Pas dans les roches ignées, car la lave en fusion brûle tout ce qu'elle touche. Dans les roches métamorphiques, ils sont tordus, écrasés ou fondus. Il faut donc les chercher dans les roches sédimentaires, qui recouvrent les trois quarts du sol terrestre.

Le plus haut volcan d'Europe, l'Etna, en Sicile, a connu en des temps récents plusieurs éruptions. La lave en fusion s'écoule alors sur les versants, puis brûle et ensevelit tout, maisons, arbres, cultures, sur son passage. Et comme elle détruit tout ce qu'elle touche, la roche ignée qu'elle forme en durcissant ne contient pas de fossiles.

James Hutton
(1726-1797)

La plupart des roches sédimentaires se forment dans l'eau. Les galets s'assemblent près du rivage. Après se déposent sable, vase, et boue. Au-delà, les dépôts consistent surtout en débris d'organismes jadis vivants.

Les roches sédimentaires

Vers 1780, James Hutton, géologue écossais, fit une étude détaillée des roches. Il comprit comment s'étaient formées les roches ignées et sédimentaires, et aussi que des roches sédimentaires se formaient encore, grâce à l'érosion due au vent, à la pluie, à l'eau et à la glace en mouvement. Il remarqua que c'était là un processus naturel continu, mais si lent qu'il avait fallu des millions d'années pour que se forment d'épaisses couches.

Son grand ouvrage, *La Théorie de la Terre*, ne parut que deux ans avant sa mort en 1797. Hutton avançait que la Terre devait être âgée de plusieurs millions d'années. Or, bien des gens croyaient alors que sa date de formation était beaucoup plus récente, en fait 4004 av. J.-C. L'archevêque irlandais Ussher avait, en 1650, calculé cette date en s'appuyant sur les durées de chaque génération de l'Ancien Testament et en remontant jusqu'à Adam.

Fossiles repères (" bons fossiles ")

Après la mort de Hutton, l'Anglais William Smith, ingénieur et inspecteur des Travaux publics, s'occupait de la construction de canaux. En les creusant, les ouvriers mettaient à nu des roches sédimentaires du sous-sol. Smith étudia ces roches et se mit à collectionner les divers fossiles

Roche attaquée par l'érosion

Galets, cailloux

Sable et vase

Boue

Vestiges de plantes et d'animaux jadis vivants.

Ammonites, comme *Promicroceras* du Jurassique, à gauche, et *Trilobites*, comme *Cedaria* du Cambrien, ci-dessus, sont des fossiles repères. Ces animaux évoluaient vite et leurs fossiles sont répandus.

qu'il y trouvait. Il comprit que, dans les roches sédimentaires qui n'ont pas été bouleversées, retournées ou plissées par les mouvements de la Terre, les couches rocheuses profondes (inférieures) doivent être plus anciennes que les autres.

Smith était méticuleux, notant toujours la couche où il prélevait un fossile. Il constata que certains fossiles, apparaissant dans plusieurs couches, étaient donc les vestiges de plantes ou d'animaux ayant vécu tout au long de la très vaste période où ces diverses couches s'étaient formées. Mais certains fossiles ne se trouvaient que dans une seule couche, démontrant donc que des types d'êtres vivants apparurent et disparurent pendant que cette couche se constituait.

Appelés fossiles repères, ou " bons fossiles ", ils sont d'une extrême importance en géologie. S'ils apparaissent dans deux couches, même si celles-ci sont très éloignées l'une de l'autre et composées de différents types de roches sédimentaires, on peut être sûr que toutes deux se sont formées à la même époque de l'histoire de la Terre.

La carte géologique

Tel un détective, Smith rassembla tous les indices fossiles. Il fut alors en mesure d'établir la première carte géologique à grande échelle. Cette carte (du sud de l'Angleterre) permettait de repérer les sources de pierre à bâtir ou le meilleur tracé pour les canaux. William Smith fut surnommé " le père de la géologie anglaise ".

La datation des roches

Forts des découvertes de Smith, les géologues du XIXᵉ siècle firent de la *stratigraphie,* étude consistant à établir les âges relatifs des roches — donc à trouver si telle *strate* (couche rocheuse) est plus ou moins jeune que telle autre. Toutefois, il était souvent difficile de déterminer l'ordre des strates selon leur âge si elles avaient été déplacées ou plissées. (Voir les diagrammes.) De plus, on ne trouve nulle part au monde une série complète de strates normalement superposées.

Prenons un exemple : un entassement d'un kilomètre d'épaisseur de roches sédimentaires se constitue, strate par strate, au fond de la mer en 200 millions d'années. Puis ces roches, soulevées hors des eaux par les mouvements de la Terre, forment un haut plateau ou une chaîne de montagnes. Exposées à l'air, les roches s'usent. Admettons que l'érosion supprime un demi-

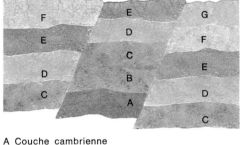

A Couche cambrienne
B Couche ordovicienne
C Couche silurienne
D Couche dévonienne
E Couche carbonifère
F Couche permienne
G Couche triasique

Ces diagrammes montrent que la succession des roches à la surface peut être complexe quand les roches ont été déplacées ou plissées par les mouvements de l'écorce terrestre. En haut ; couches rocheuses formées entre le Cambrien (A) et le Trias (G), et identifiées grâce à leurs fossiles repères. Le diagramme montre les effets dus aux *failles* (cassures dans l'écorce terrestre). Le long des failles, des portions de terrain se haussent ou s'effondrent. Ici, le glissement le long de deux failles a créé une succession anormale à la surface, où se suivent des roches du Permien, du Carbonifère et du Trias. En bas, on voit que, après érosion de l'arc du plissement, les roches, de part et d'autre de la couche ordovicienne (B), sont de plus en plus jeunes.

kilomètre de strates en 50 millions d'années. Si la mer recouvre alors la région, il se formera une nouvelle strate qui sera de 150 millions d'années plus jeune que celle du dessous. Il y aura *discordance* dans la succession des strates.

Mais, en étudiant les roches en beaucoup d'endroits, les géologues ont pu fixer l'ordre exact de formation dans le temps des roches et fossiles. Ils ont réparti les roches à fossiles en trois grands groupes, chacun représentant une longue *ère* de l'histoire de la Terre. Les ères sont divisées en *périodes* et certaines périodes en *époques*.

Les roches sédimentaires se forment en couches distinctes.
Elles ressemblent à des tranches de pain. Ci-dessous, celles des falaises de Lilstock Bay (Somerset, Angleterre) sont, à partir de la base, pour deux tiers des schistes et des argiles sableuses jurassiques. Le tiers supérieur est constitué de calcaires coiffés d'argile. Les roches de la base sont les plus anciennes.

L'échelle des temps géologiques

Les temps géologiques se divisent en trois ères : *Paléozoïque, Mésozoïque* et *Cénozoïque* — où nous sommes encore.

Le Paléozoïque comprend six périodes ; toutefois, les géologues américains divisent le Carbonifère en deux périodes : le Mississippien et le Pennsylvanien. La plus ancienne période du Paléozoïque est le Cambrien. Les roches du Cambrien sont les premières où les fossiles soient répandus. Celles du Précambrien en contiennent très peu.

Le Mésozoïque a trois périodes et le Cénozoïque en a deux : le Tertiaire et le Quaternaire. Comme on en sait plus sur le Cénozoïque que sur toute autre ère, ces deux périodes se divisent à leur tour en époques. Le Tertiaire a cinq époques et le Quaternaire deux. (On appelle *âges* certaines tranches de temps plus courtes). En procédant ainsi, les géologues établirent une sorte de calendrier de l'histoire de la Terre, une *échelle des temps géologiques.* (Voir pp. 22 et 23). Mais ils ne purent trouver l'âge *absolu* des roches

A dr. : le Grand Canyon. Ci-dessous : coupe du canyon, montrant des roches précambriennes à la base, surmontées de roches cambriennes, carbonifères et permiennes.

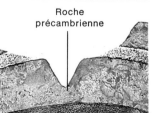

Roche précambrienne

avant la découverte de la radioactivité, vers 1900.

Les substances radioactives émettent des radiations de particules à haute énergie. Elles diminuent donc en se désintégrant, mais à un rythme précis. Ainsi, en se désintégrant, l'uranium, élément radioactif, laisse du plomb comme résidu final. Pour trouver l'âge d'un échantillon d'uranium, on mesure combien de plomb il contient. Donc, on peut trouver l'âge des roches en examinant leurs substances radioactives. Un certain élément radioactif, le carbone-14, sert à mesurer l'âge des substances datant d'environ 45 000 ans (voir diagramme).

Noms des périodes géologiques

Cambrien Les roches cambriennes furent d'abord étudiées au pays de Galles, *Cambria* en latin.

Carbonifère tire son nom de *carbone*, car du charbon s'est formé pendant cette période.

Crétacé Les couches rocheuses du Crétacé sont souvent des strates de craie, *Creta* en latin.

Dévonien tire son nom de Devon, comté du sud-ouest de l'Angleterre.

Jurassique tire son nom du Jura français.

Ordovicien Les roches ordoviciennes furent d'abord étudiées au nord du pays de Galles, où vécut l'ancienne tribu des *Ordovices*.

Permien tire son nom de la ville russe de Perm, dans l'Oural.

Quaternaire Les géologues divisaient naguère les roches en quatre groupes : Primaire, Secondaire, Tertiaire et Quaternaire. On ne se sert plus des termes Primaire et Secondaire. Mais Tertiaire et Quaternaire ont survécu en tant que noms des périodes cénozoïques.

Silurien L'ancienne tribu galloise des *Silures* vivait dans la région où l'on a d'abord étudié les roches siluriennes.

Tertiaire *voir* Quaternaire.

Trias doit son nom au fait qu'en Allemagne les roches de cette période se divisent en trois couches distinctes.

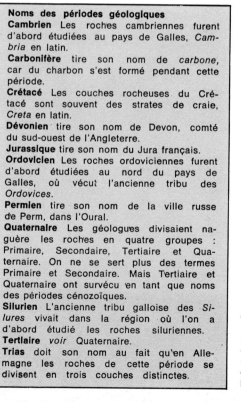

Datation au radiocarbone : le carbone radioactif est absorbé par ce qui vit. Il se réduit à un rythme régulier. Une personne vivante (1) émet 2 500 radiations de désintégration par heure. Un crâne de 5 600 ans (2) en émet 1 250 ; un crâne de 11 200 ans : 625 ; et un crâne de 44 000 ans (4) : 3. On calcule l'âge des ossements en comptant leurs radiations.

Ere	Période	Epoque	Millions d'années
Cénozoïque	Quaternaire	Récente (Holocène)	0,01
		Pléistocène	1,8
	Tertiaire	Pliocène	6
		Miocène	22,5
		Oligocène	38
		Eocène	55
		Paléocène	65
Mésozoïque	Crétacé		141
	Jurassique		195
	Trias		230
Paléozoïque	Permien		280
	Carbonifère		345
	Dévonien		395
	Silurien		435
	Ordovicien		500
	Cambrien		570

Le Précambrien s'étend jusqu'à la formation de la Terre, il y a 4 600 millions d'années

Faits majeurs de la vie animale et végétale

Apparition de l'homme moderne et
début de la civilisation

Glaciations dans l'hémisphère nord. Les
mammifères à fourrure épaisse survivent au froid.

Premiers hominiens. Beaucoup de mammifères
meurent à mesure que le froid augmente.

Beaucoup de grands singes en Afrique. Expansion des
terres herbeuses où broutent des troupeaux de mammifères.

Apparition des singes. Développement de nombreux
mammifères modernes. Accroissement des plantes à fleurs.

Mammifères étranges ; chevaux et éléphants primitifs.
Plantes de type moderne pour la plupart.

Evolution rapide des mammifères après l'extinction
de la plupart des reptiles.

Extinction des dinosaures. Disparition des ammonites.
Premières plantes à fleurs.

Règne des dinosaures. Reptiles volants. Premiers
oiseaux. Ammonites abondantes. Quelques mammifères.

Premiers dinosaures et grands reptiles marins. Premiers
mammifères. Ammonites. Apparition de cycadales et
benettitales. Expansion des conifères. Forêts luxuriantes.

Les reptiles augmentent. Amphibiens moins
nombreux. Extinction des trilobites. Conifères et
ginkgoales primitifs.

Les amphibiens augmentent. Premiers reptiles.
Lycopodiales, fougères et prèles dans les tourbières.

Age des poissons (osseux et cartilagineux). Evolution
des amphibiens. Plantes terrestres plus répandues.

Poissons cuirassés géants. Premières plantes terrestres
(des marais). Grands scorpions marins.

Premiers vertébrés. Graptolites et trilobites. Expansion
d'échinodermes et de brachiopodes.

Fossiles abondants. Graptolites, trilobites, testacés
primitifs, coraux, crustacés, etc.

La vie commença il y a environ 4 milliards d'années. Les
plus anciens fossiles connus sont ceux des « Fig-Tree
Cherts » (3,1 M d'années) et de stromatolites (2,8 M).

Les fossiles et la vie

Cuvier, fondateur de la paléontologie (étude des fossiles).

Ci-dessous : Ammonites et coraux fossiles dessinés par Robert Hooke.

Ci-dessous, à droite : Poisson fossile du Tertiaire. Les savants Hooke, Bonnet et Cuvier croyaient tous que pareils fossiles étaient dus à quelque cataclysme destructeur, tel que le Déluge.

Une fois qu'on eut compris ce qu'étaient les fossiles, on voulut savoir pourquoi la plupart des animaux et plantes fossiles n'existaient plus. On crut longtemps que le Déluge les avait détruits. Mais un physicien anglais, Robert Hooke (1635-1703) estima le Déluge trop court pour expliquer toutes les disparitions. Il en rendit responsables les tremblements de terre.

Les catastrophes

Le *principe du catastrophisme* fut avancé par un naturaliste suisse, Charles Bonnet (1720-1793). Selon lui, ces extinctions de formes fossiles étaient dues à des catastrophes intervenues au cours de l'histoire de la Terre. Il employa le premier le terme d'*évolution,* ou changement. Mais, contrairement aux savants modernes, il pensait qu'après chaque catastrophe les formes de vie progressaient brusquement en gravissant d'un échelon l'échelle évolutionnaire.

Le zoologiste français Cuvier (1769-1832) s'appliqua à classer animaux et plantes, y compris les fossiles. Il y avait eu

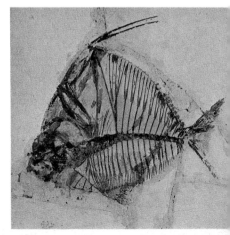

à ses yeux quatre grandes catastrophes, la dernière étant le Déluge. Après sa mort, ses disciples en portèrent le nombre à 27.

Une évolution graduelle

Des savants, constatant chez les fossiles des modifications d'une période ou époque à l'autre, en vinrent à la conception d'un processus d'évolution plus graduel et lent. Le naturaliste français Lamarck (1744-1829) avança le premier que les " caractères " animaux peuvent changer d'une génération à la suivante. Mais il pensait qu'un animal peut acquérir un caractère nouveau durant sa vie et le transmettre à sa descendance. Or, l'examen de tous les caractères connus contredit sa théorie.

La *théorie moderne de l'évolution* est due à deux naturalistes anglais, Charles Darwin (1809-1882) et Alfred Wallace (1823-1913). Vers 1830, Darwin visita les îles Galapagos dans le Pacifique. Après avoir vu les animaux uniques de ces îles, il fut convaincu qu'animaux et plantes changent peu à peu au cours de nombreuses générations. Il qualifia ce processus de *sélection naturelle* (voir p. 32). Wallace eut les mêmes idées en même temps et tous deux publièrent leurs vues en 1859. Ils furent appuyés par Charles Lyell (1797-1875), géologue écossais qui avait vulgarisé l'œuvre de Hutton (voir p. 16).

Charles Darwin (ci-dessus) découvrit aux îles Galapagos, des espèces animales inconnues, comme l'iguane marin et le crabe " Sally Lightfoot ", à gauche. Certains caractères les rendent uniques en leur genre. Darwin comprit qu'ils devaient descendre d'animaux d'Amérique du Sud parvenus jusque-là et peu à peu modifiés grâce à un lent processus d'évolution. Le géologue Charles Lyell, ci-dessous, appuya Darwin. Il croyait également en un lent processus de transformation géologique.

Les fossiles à l'appui de l'évolution

Selon Darwin, les formes de vie modernes résultaient d'une longue évolution à partir de plantes et animaux très anciens. Seuls les fossiles peuvent permettre de vérifier sa théorie. Il supposait que des changements graduels étaient intervenus au long de nombreuses générations. Il faut donc voir si une série de fossiles successifs révèle bien le passage d'un type d'animal à un autre.

L'évolution du cheval

L'histoire du cheval fournit un exemple bien connu d'évolution. Les géologues ont trouvé des fossiles correspondant aux divers ancêtres du cheval actuel jusqu'à l'Eocène, il y a 55 millions d'années. Les principaux changements révélés ont trait à la taille, à la structure du bas des jambes, et aux dents.

Hyracotherium (ou *Eohippus*, « cheval de l'aurore »), de la taille d'un terrier (environ 30 cm de haut au garrot), vivait au début de l'Eocène, probablement dans les forêts. Ses molaires à couronne basse lui permettaient de brouter des feuilles, mais pas de broyer de l'herbe. Ses membres antérieurs avaient quatre doigts,

Durant l'évolution du cheval, les principaux changements furent la réduction du nombre des doigts, la modification de la forme des dents, et un important accroissement de la taille. Ici *Eohippus*, cheval de l'Eocène à quatre doigts et de la taille d'un terrier, paraît minuscule auprès de son descendant à trois doigts, *Hypohippus*, du Pliocène.

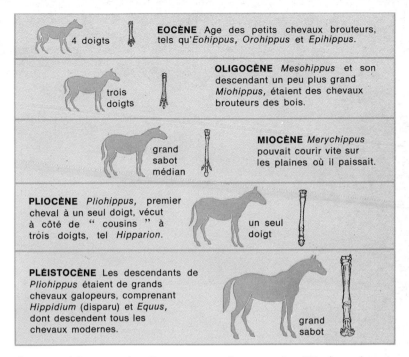

EOCÈNE Age des petits chevaux brouteurs, tels qu'*Eohippus, Orohippus* et *Epihippus.*

4 doigts

OLIGOCÈNE *Mesohippus* et son descendant un peu plus grand *Miohippus*, étaient des chevaux brouteurs des bois.

trois doigts

MIOCÈNE *Merychippus* pouvait courir vite sur les plaines où il paissait.

grand sabot médian

PLIOCÈNE *Pliohippus*, premier cheval à un seul doigt, vécut à côté de " cousins " à trois doigts, tel *Hipparion.*

un seul doigt

PLÉISTOCÈNE Les descendants de *Pliohippus* étaient de grands chevaux galopeurs, comprenant *Hippidium* (disparu) et *Equus*, dont descendent tous les chevaux modernes.

grand sabot

les postérieurs trois. Les autres chevaux de l'Eocène furent similaires. *Orohippus,* de l'Eocène moyen, fut l'ancêtre d'*Epihippus* de la fin de l'Eocène.

L'Oligocène vit apparaître des changements. Les membres de *Mesohippus* étaient plus longs que ceux d'*Eohippus,* et les antérieurs n'avaient que trois doigts. Il avait le même genre de molaires, mais les dents qui les précédaient s'étaient transformées en molaires. *Miohippus,* descendant direct de *Mesohippus,* date de la fin de l'Oligocène. Plusieurs types du Miocène en sont issus. La plupart des chevaux du Miocène étaient des brouteurs de bois. Mais l'un d'eux, *Merychippus,* était différent. Ses pieds avaient toujours trois doigts, mais en marchant il s'appuyait sur le seul doigt central, bien plus long que les autres. Par ailleurs ses dents à hautes et larges couronnes lui permettaient de broyer l'herbe. Ce fut le premier cheval à parcourir les plaines herbeuses qui s'étendaient alors en Amérique du Nord.

Durant le Pliocène, la famille chevaline donna de nombreux types. *Hypohippus,* brouteur à trois doigts de la lignée de *Mesohippus,* disparut vers le milieu du Pliocène. Mais les descendants de *Merychippus* continuèrent à évoluer, comprenant des chevaux à l'air de gazelles (*Calippus* et *Nannipus*) et de plus grands, comme *Hipparion* et *Neohipparion.* Ces animaux à trois doigts finirent par s'éteindre vers la fin du Pliocène. *Pliohippus,* en revanche, fut le premier cheval à un seul doigt (à sabot). Les deux autres demeurèrent à l'état d'ébauche, comme chez le cheval actuel. La lignée de *Pliohippus* donna *Hippidion,* cheval disparu du Pléistocène, et enfin *Equus,* le cheval moderne. Le genre (groupe) *Equus* comprend chevaux, ânes et zèbres. Ils ont de longs membres à sabot propres à la course et de larges dents à haute couronne permettant de broyer l'herbe.

D'autres preuves fossiles

Les fossiles de chevaux montrent comment un type d'animal a évolué. D'autres fossiles montrent l'évolution de groupes entiers d'animaux. On sait par exemple que les mammifères sont issus des reptiles. On a trouvé dans des roches du Permien et du Trias des fossiles de reptiles à l'aspect de mammifères, et, dans des roches ultérieures, ceux de mammifères ayant certains traits reptiliens. L'examen de l'ensemble a permis de retracer les grandes lignes de l'évolution des mammifères à partir des reptiles.

D'autres fossiles révèlent des liens originels entre groupes d'animaux. Les poissons à lobes du Dévonien donnent un aperçu de l'ascendance des amphibiens. La transition entre amphibiens et reptiles est révélée par *Seymouria,* reptile permien ayant plusieurs traits amphibiens. Et *Archaeopteryx,* oiseau primitif, avait maint trait reptilien (voir ci-contre).

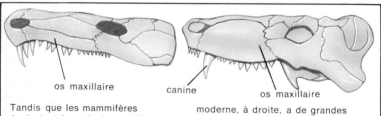

os maxillaire   canine   os maxillaire

Tandis que les mammifères évoluaient à partir des reptiles, leur crâne, dents comprises, se modifia grandement. Le reptile paléozoïque *Limnoscelis,* ci-dessus, avait des dents simples, coniques, fixées à un os de la mâchoire supérieure plutôt petit (os maxillaire). *Cynognathus* (à côté), reptile du Trias à l'aspect de mammifère, avait de véritables canines, des dents de derrière plus complexes que celles de *Limnoscelis* et un os maxillaire bien plus ample. Un chien moderne, à droite, a de grandes et fortes canines, plantées dans un grand os maxillaire.

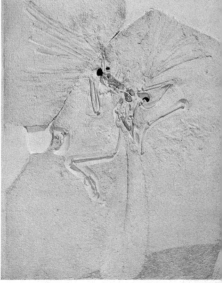

Les oiseaux sont issus des reptiles.
On a en effet découvert des fossiles
dont l'examen a permis cette
reconstitution d'*Archaeopteryx,* oiseau
primitif du Jurassique. C'était nettement
un oiseau, car le fossile, à droite,
révèle un revêtement de plumes.
Il pouvait voler, mais probablement
pas très bien, ne disposant pas
d'un bréchet robuste, où s'insèrent
les muscles moteurs des ailes.
Archaeopteryx avait toutefois plusieurs
caractères reptiliens. Sa tête
écailleuse possédait un bec bien
pourvu de dents. Trois petites
griffes sortant des ailes lui servaient
probablement à grimper. Enfin, sa
queue fort longue était dotée en
son milieu de toute une série
d'os — comme celle d'un lézard.

Crustacés

Arachnides

Ammonites et bélemnites

Insectes

Calmars et poulpes

Trilobites

Gastéropodes

Bivalves

Poisson cartilagineux

Vers (Annelés)

Graptolites

Poisson sans mâchoires

Bryozoaires

Tuniciers (pas de fossiles)

Échinoderm

Brachiopodes

Plathelminthes

Cœlentérés

Spongiaires

Protozoaires

ANIMAUX

Vie unicellulai

Bactérie

Virus

L'ARBRE GÉNÉALOGIQUE DE L'ÉVOLUTION

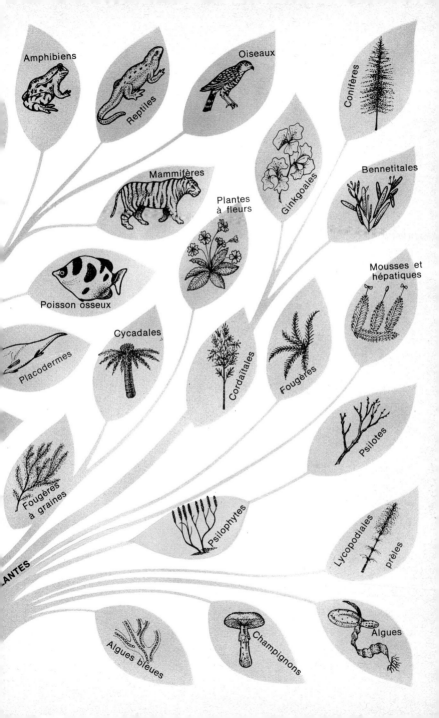

Jusqu'à il y a environ 100 ans, toutes les phalènes poivrées d'Europe étaient blanches à points noirs, se posant sur des arbres à lichen où leur camouflage les protégeait des oiseaux. De temps à autre apparaissaient des variétés gris foncé. Dépourvues de camouflage, elles étaient vite repérées et mangées par les oiseaux. Ci-dessous, on voit sur un tronc d'arbre les deux variétés.

Au XIXᵉ siècle, dans les zones industrielles, la suie se mit à noircir les arbres. Les phalènes claires se virent donc plus aisément et le type gris foncé commença d'augmenter. En zone industrielle, la variété claire, victime de la sélection naturelle, est à présent rare.

La sélection naturelle

Darwin découvrit sur les îles Galapagos des formes de vie inhabituelles différant de celles d'Amérique du Sud, et dès lors il recherche quel pouvait être le processus de l'évolution. Il finit par fonder sa théorie sur ce qu'il appela la *sélection naturelle*.

Il nota qu'un animal peut naître avec des caractères l'avantageant par rapport à d'autres animaux du même milieu et lui donnant plus de chances de survivre. Autrement dit, la Nature le « sélectionne » pour la survivance de l'espèce, et ses caractères utiles sont transmis d'une génération à l'autre. Mais des caractères défavorables rendent un animal moins apte à survivre. Aussi disparaît-il.

Le long cou de la girafe

Lamarck pensait aussi que des caractères peuvent se transmettre d'une génération à la suivante. Mais sa tentative d'explication était erronée. Il estimait par exemple que la girafe a un long cou parce que des générations antérieures s'étaient étiré le cou

L'extinction des espèces

Quand une espèce animale s'éteint, nous le déplorons. Ce n'est pourtant pas exceptionnel, ni anormal. Animaux et plantes d'il y a des millions d'années ont pour la plupart disparu. L'extinction des dinosaures a permis la prolifération des mammifères et, en fin de compte, la venue de l'Homme. Cependant nombre d'animaux disparaissent de nos jours parce que l'Homme détruit leurs habitats ou réduit les zones où ils peuvent vivre. Bien des gens considèrent que c'est là une forme d'extinction anormale. Ils s'efforcent de faire en sorte que ces espèces survivent.

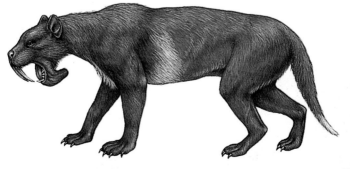

pour tenter d'atteindre les feuilles hautes des arbres. Darwin affirma, lui, que certaines girafes, étant nées avec des cous plus longs que ceux des autres girafes, avaient eu tendance à survivre, parce qu'elles pouvaient atteindre les hautes feuilles et donc mieux se nourrir que les autres. Le caractère du cou allongé fut ainsi transmis aux générations ultérieures.

La sélection naturelle aujourd'hui

Evolution et sélection naturelle se poursuivent de nos jours. A cet égard un bon exemple est fourni par la phalène poivrée (voir p. 32). Mais sur une période courte, disons 100 ans, la sélection ne peut produire que de nouvelles variétés, capables de se croiser. La formation de nouvelles *espèces,* lesquelles ne peuvent se croiser réellement, peut prendre des milliers, voire des millions d'années.

Par sélection naturelle, les animaux s'adaptent à leur environnement ou à un mode de vie particulier. Ces quatre espèces de nectarinies hawaïennes ne se concurrencent pas, car leurs becs sont adaptés à des nourritures différentes : nectar (en haut à gauche ; en bas à droite), insectes (en haut à droite) et noix (en bas à gauche). Ci-dessous : *Thylacosmilus* fut un marsupial extrêmement féroce, mais, comme maints marsupiaux, ne put tenir tête à ses rivaux mammifères. La sélection naturelle joua et il disparut vers la fin de l'Oligocène.

Les fossiles et la dérive des continents

L'étude des fossiles a posé plusieurs problèmes aux géologues. Ces derniers trouvèrent par exemple des fossiles de certaines sortes de plantes et d'animaux tels que coraux et reptiles anciens, en des lieux à présent trop froids pour des types modernes similaires. Ceci montre que maintes régions avaient jadis des climats très différents de ceux d'aujourd'hui. Autre mystère : on découvrit que, vers la fin du Carbonifère et au début du Permien, d'épaisses couches de glace recouvraient l'Antarctique et en partie l'Amérique du Sud, l'Afrique australe, l'Inde et l'Australie. Pour expliquer ces climats différents du passé en diverses zones, on a avancé que les positions des continents avaient changé. Mais comment des continents peuvent-ils bouger ?

Preuves de la dérive des continents

L'étude des fonds marins a révélé la présence sous les océans de chaînes de montagnes, appelées *dorsales océaniques* (voir diagramme). Une dorsale traverse l'Atlantique en son milieu du nord au sud.

Il se produit des activités volcaniques et des tremblements de terre le long de cette dorsale, dont l'Islande, au nord, est une partie émergée. On a constaté que de la roche volcanique nouvelle se forme le long de la ligne médiane de l'île, et donc que l'Islande s'élargit. En fait, pareil élargissement se produit tout au long de la dorsale. En conséquence, les Amériques s'écartent de l'Europe et de l'Afrique d'environ deux centimètres par an. C'est peu ; mais imaginez que ce processus se poursuive des millions d'années. Vous comprendrez alors que les continents peuvent dériver sur de grandes distances.

Les savants pensent à présent qu'au temps du Permien et du Trias toutes les masses continentales étaient réunies en un seul supercontinent, appelé *Pangée*. Il y a environ 180 millions d'an-

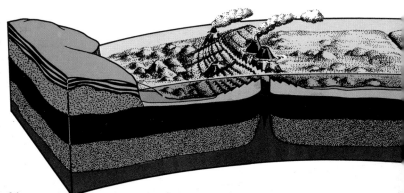

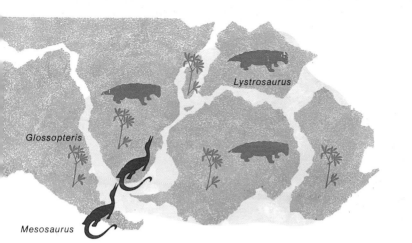

Lystrosaurus

Glossopteris

Mesosaurus

nées, Pangée commença de se morceler. La zone nord, appelée Laurasie, se divisa en Amérique du Nord et Eurasie. La partie sud, appelée Gondwana, se fragmenta en Amérique du Sud, Afrique, Antarctique et Australie. L'Inde, qui faisait aussi partie du Gondwana, alla s'unir à l'Asie. La théorie de la dérive continentale permet d'élucider bien des mystères à propos des fossiles, comme ceux qu'on voit sur cette carte du Gondwana ; elle explique pourquoi des fossiles d'espèces du Carbonifère et du Permien apparaissent en des terres à présent fort éloignées.

On a trouvé des fossiles de la plante *Glossopteris* et d'animaux terrestres comme *Mesosaurus* et *Lystrosaurus* en des terres de l'hémisphère Sud fort éloignées de la mer. Cela intriguait naguère les savants. On croit à présent que les masses continentales étaient jadis rassemblées (ci-dessus). Durant les derniers 180 millions d'années, elles ont bougé, dérivé.

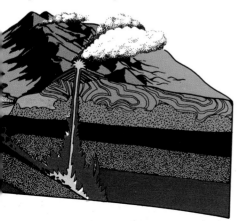

La roche nouvelle (magma) issue des entrailles de la Terre venant s'ajouter sous la mer aux dorsales océaniques, provoque l'écartement des masses continentales. Là où deux plaques crustales se heurtent, le bord de l'une est contraint de s'enfoncer sous la croûte. Il fond alors et devient du magma. Les volcans peuvent faire jaillir à nouveau ce magma.

L'histoire de la vie

Il y a 4 500 millions d'années, la Terre se refroidissant, certains éléments chimiques ont dû s'associer dans les mers chaudes pour former d'infimes organismes. Peu à peu apparurent des organismes cellulaires. Mais les premières formes de vie à laisser des fossiles furent les algues bleues, il y a environ 3 100 millions d'années.

Au début du Cambrien, il y a quelque 570 millions d'années, la vie animale se diversifia grandement, en partie parce qu'une époque glaciaire venait de finir et que les mers se réchauffaient. Les invertébrés (animaux sans épine dorsale) sont presque tous originaires du Cambrien. Beaucoup possédaient des parties dures, qui furent conservées à l'état de fossiles. Les trilobites furent un des groupes les plus importants de cette période. Ils continuèrent de prospérer au cours de l'Ordovicien.

Les mers de l'Ordovicien contenaient plus d'animaux évolués que celles du Cambrien (antérieur). Il y avait pas mal de grands nautiloïdes droits (1) capturant avec leurs tentacules, pour se nourrir, d'autres créatures marines, comme la méduse. Brachiopodes (2) et échinodermes (3) étaient plus nombreux et variés. On voit aussi des colonies de coraux (4), des bryozoaires (5), des trilobites (6) et des algues vertes (7).

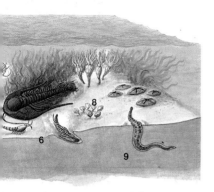

On voit ici certaines formes de vie des mers du Cambrien. Ces animaux n'existaient pas forcément tous exactement à la même époque ou au même endroit. Il y a plusieurs trilobites, des éponges (1), des méduses (2), une algue rouge (3), *Aysheia,* un arthropode primitif (4), des brachiopodes (5), des crustacés (6), des coraux (7), des échinodermes (8) et un paléoscolex (9).

Durant l'Ordovicien, de 500 à 435 millions d'années avant notre ère, la vie terrestre fut très limitée. Mais l'évolution s'accélérait dans les mers. Echinodermes et brachiopodes abondèrent et les nautiloïdes primitifs se répandirent. Les ammonites en sont issues. En même temps apparaissaient des poissons sans mâchoire, premiers vertébrés (avec épine dorsale) à donner des fossiles. Avant eux ont dû vivre des vertébrés à corps mou dont l'évolution aboutit aux poissons siluriens et dévoniens.

Les roches du Précambrien, du Cambrien et de l'Ordovicien

Des roches ultérieures masquent maintes roches du Précambrien. Mais de grands affleurements, dits *boucliers,* apparaissent en Afrique, Australie, Canada et Scandinavie. Au Cambrien, des mers peu profondes couvrirent de vastes zones et des roches cambriennes se formèrent dans tous les continents. Les couches les plus riches en fossiles se trouvent en Scandinavie du Sud, Sibérie et Amérique du Nord occidentale. Les roches ordoviciennes apparaissent surtout dans l'hémisphère Nord.

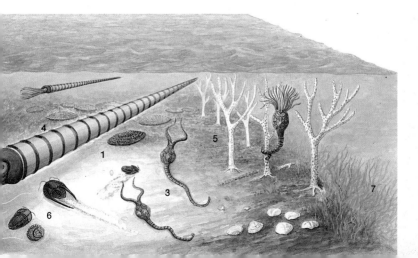

De la mer à la terre

Le Silurien, de 435 à 395 millions d'années avant nos jours,
vit l'apparition dans les mers de redoutables créatures, entre
autres des scorpions de mer géants, ou euryptéridés, qui furent
des parents primitifs des scorpions, araignées et limules modernes.
Les poissons des mers siluriennes étaient grands et à cuirasse.
La cuirasse devait fournir une excellente protection contre les
féroces scorpions de mer. Certains poissons cuirassés furent énormes.
Ainsi *Dinichtys* avait plus de neuf mètres de long.

Vers la fin du Silurien et au début du Dévonien, les plantes
commencèrent à coloniser la terre ferme. Des plantes vasculaires
simples, comme *Rhynia, Cooksonia, Baragwanathia* et *Zosterophyllum,* poussèrent au bord des lacs. Le reste du sol était probablement nu. Peut-être y eut-il quelques mousses et champignons,
mais il n'en existe pas de fossiles. Des plantes plus évoluées,
comme *Drepanophycus* et *Protolepidodendron,* apparurent au Dévonien supérieur.

On appelle souvent Age des Poissons le Dévonien, de 395 à
345 millions d'années avant nos jours. Poissons sans mâchoires et
à cuirasse abondaient encore. En même temps apparaissaient des
poissons cartilagineux (requins et raies) et osseux. Les types
primitifs formaient des groupes plutôt petits. Les poissons osseux
vivaient surtout dans de petits lacs d'eau douce. Mais les poissons
osseux et cartilagineux s'emparèrent des mers à mesure que s'étei-
gnaient poissons sans mâchoires et à cuirasse.

Des poissons aux amphibiens

Un groupe important du Dévonien fut celui des poissons osseux
à nageoires à lobes. Beaucoup avaient des poumons. Aussi pou-
vaient-ils ramper hors de l'eau. Certains se transformèrent en
amphibiens, d'autres donnèrent les cœlacanthes (page 8) et les
dipneustes. Les amphibiens apparurent vers la fin du Dévonien.

Au Silurien et au Dévonien, les Amériques, l'Eurasie, l'Afrique du Nord, l'Australie orientale sont en partie couvertes par les eaux, la Nouvelle-Zélande presque en entier. Les affleurements siluriens sont importants au nord et à l'ouest des îles Britanniques, ainsi qu'en Scandinavie.

Les roches dévoniennes doivent leur nom à des affleurements situés dans le Devon (Angl.), mais des dépôts plus importants existent dans les Ardennes belges et au nord de l'Allemagne.

Paysage du début du Dévonien. Les petites plantes au premier plan sont des *Cooksonia* ; les plus grandes sont du type *Zosterophyllum*.
Scène du Dévonien supérieur. L'*Eusthenopteron* adulte, à gauche, devait être trop lourd pour se hisser sur terre avec ses nageoires à lobes. Mais certains jeunes à l'arrière-plan ont pu y réussir, survivre, procréer et transmettre ce don à la génération suivante. Les amphibiens primitifs comme *Ichtyostega*, à droite, ont pu se former ainsi.

La conquête de la terre ferme

Vers le milieu du Carbonifère (de 345 à 280 millions d'années avant nos jours), plantes et animaux étaient bien installés sur la terre ferme. Fougères et lycopodiales géantes se mêlaient en forêts luxuriantes, tirant l'eau nécessaire du sol marécageux où elles poussaient.

Les animaux volumineux étaient surtout des amphibiens. Mais les insectes abondaient. Libellules géantes, mille-pattes monstrueux, grands scorpions, araignées, blattes pullulaient dans les arbres ou l'épais tapis de feuilles couvrant le sol.

Les amphibiens étaient en plein développement. Vers la fin du Carbonifère, la plupart avaient acquis de fortes pattes. Mais ils ne conquirent jamais vraiment la terre ferme. Ils devaient retourner à l'eau pour garder leur corps humide et pour s'y reproduire. Parallèlement se formaient les premiers reptiles.

Des reptiles véritables existaient déjà au début du Permien. Ils pondaient des œufs à coquille dure, et n'avaient pas besoin de se reproduire dans l'eau. Les plus primitifs furent les cotylosauriens, ou *reptiles de souche*. Apparus au Carbonifère supérieur, ils donnèrent naissance à plusieurs groupes. Au Permien, de 280 à 230 millions d'années avant nos jours, le groupe dominant était celui des pélycosauriens, amples créatures pataudes comme *Dimetrodon* et *Edaphosaurus*. Certains étaient carnivores, les autres broutaient des plantes. En évoluant, ils donnèrent les thérapsidés, grands reptiles mammaliens. Les mammifères véritables, qui commencèrent d'apparaître au Jurassique, en sont issus.

Les roches du Carbonifère inférieur, en particulier les calcaires, sont très répandus dans l'hémisphère Nord. Celles du Carbonifère supérieur comprennent des gisements houillers d'Amérique du Nord, Europe occidentale et URSS. Celles du Permien, d'abord étudiées en Russie, se trouvent aussi en Amérique du Nord occidentale et dans une zone allant de l'Europe méridionale à l'Indonésie.

Paysage du Carbonifère (page de gauche) : forêts humides de fougères, fougères à graines, lycopodes géants, prêles géantes. Au milieu des plantes : araignées, scorpions et insectes, comme la libellule géante *Meganeura*. Les amphibiens occupaient les marais où poussaient les forêts. Cette page-ci illustre le Permien. Le climat devenant sec, les forêts commencent à disparaître et les énormes amphibiens comme *Eryops*, à droite, s'éteignent.

Le règne des reptiles

Au cours du Trias, de 230 à 195 millions d'années avant nos jours, la plupart des reptiles mammaliens s'éteignirent. D'autres groupes de reptiles s'imposèrent partout. On appelle souvent Age des Reptiles le Mésozoïque tout entier, du Trias au Crétacé.

Les invertébrés se développaient toujours dans les mers, mais celles-ci furent dès lors dominées par deux groupes de reptiles : les ichtyosaures et les plésiosaures. Les ichtyosaures, nageant comme des poissons, évoquaient les dauphins actuels par la forme et le comportement. Les plésiosaures mesuraient parfois plus de 12 mètres. Certains avaient un long cou flexible faisant la moitié de leur longueur totale. D'autres, dits pliosaures, au cou fort court, avaient de puissantes mâchoires capables de saisir d'autres reptiles.

Au Trias vivaient aussi des tortues de mer primitives. Des tortues terrestres apparentées voisinaient avec les ancêtres des lézards et serpents actuels. Mais les reptiles dominants du Trias furent les thécodontes, ancêtres des dinosaures, ptérosaures, crocodiles et oiseaux.

Tous ces groupes durent commencer à se former au Trias supérieur. Mais les fossiles connus préfigurant les premiers oiseaux datent du Jurassique. Les crocodiles du genre *Protosuchus* étaient nombreux, ainsi que les phytosaures, très voisins, comme *Rutiodon*. Ces phytosaures s'éteignirent à la fin du Trias. Les premiers dinosaures, comme *Coelophysis*, étaient petits en comparaison de ceux du Jurassique et du Crétacé.

De plus en plus nombreux, poissons et calmars du Trias faisaient le régal des plésiosaures au long cou et des ichtyosaures (évoquant le dauphin). Certains ichtyosaures préféraient les bivalves et les gastéropodes, qui abondaient aussi dans les mers.

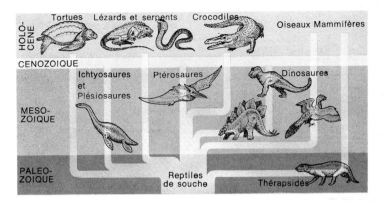

| HOLO-CENE | Tortues | Lézards et serpents | Crocodiles | | Oiseaux | Mammifères |

CENOZOIQUE

MESO-ZOIQUE — Ichtyosaures et Plésiosaures — Ptérosaures — Dinosaures

PALEO-ZOIQUE — Reptiles de souche — Thérapsidés

On repéra d'abord les roches du Trias en Allemagne, mais les Alpes présentent plus de strates. Allemagne méridionale, Afrique du Sud, Amérique du Sud, et, aux USA, Nouvelle-Angleterre et Nouveau-Mexique fournirent beaucoup de fossiles dinosauriens du Trias.

Arbre généalogique simplifié des reptiles. Durant le Mésozoïque, leurs groupes furent nombreux. Il ne reste à présent que trois grands groupes.

Domination des dinosaures

Au Jurassique, de 195 à 141 millions d'années avant nos jours, les dinosaures (ce qui signifie " terribles lézards ") dominèrent le globe. Face à ces redoutables créatures, il n'est guère surprenant que les rares et chétifs mammifères d'alors n'aient pas proliféré.

La végétation du Jurassique différa

Les plantes dominantes du Jurassique furent des gymnospermes. De gauche à droite : cyprès des marais ; bennettitales ; fougère arborescente ; cycadales ; ginkgo. Au premier plan : fougères et prèles.

considérablement de celle du Carbonifère et du Permien. Fougères à graines et cordaïtes avaient à présent disparu, remplacées par des conifères, des bennettitales et des cycadales. Il se peut qu'il y ait eu quelques plantes à fleurs, mais les fossiles connus témoignant de leur apparition datent du Crétacé.

Cette végétation profitait à divers dinosaures herbivores. *Brachiosaurus*, géant de 24 mètres de long, broutait probablement les feuilles les plus élevées des arbres. De plus petits, comme *Camptosaurus*, mangeaient celles des branches basses.

Jurassique supérieur : *Allosaurus* va faire sa proie d'*Ornitholestes*, dinosaure plus petit. *Camptosaurus* (à gauche) et *Brachiosaurus* au long cou broutent des feuilles de cycadée. Tout au fond, *Stegosaurus*, cuirassé de plaques osseuses, armé d'une queue à piquants, peut paître à peu près en paix.

D'autres, comme *Stegosaurus,* blindé de plaques osseuses, paissaient la végétation du sol. Mais les plus " terribles " étaient les dinosaures carnivores : *Ornitholestes,* de taille modeste, mangeant probablement mammifères et petits reptiles ; *Megalosaurus,* plus grand ; et l'énorme *Allosaurus,* champion du Jurassique, pouvant s'attaquer à tout autre animal ou presque.

Les ptérosaures, groupe particulier, pouvaient planer, mais pas réellement voler. Les ailes de *Rhamphorhyncus,* par exemple (p. 106), étaient des membranes tendues entre son corps et ses longs " bras ". L'oiseau complet n'apparut pas au Jurassique. *Archaeopteryx* (p. 29), datant de la phase finale, était un oiseau en partie reptilien.

Il existe des roches jurassiques partout, mais les plus grandes épaisseurs se trouvent en Amérique du Nord et Russie. Il s'agit surtout de dépôts marins, mais certaines strates, en Amérique du Nord et Afrique orientale, ont fourni des fossiles de dinosaures. Le premier *Archaeopteryx* fossile fut trouvé en Allemagne.

Déclin des dinosaures

Les dinosaures du Crétacé, de 141 à 65 millions d'années avant nos jours, furent plus étranges que jamais : dinosaures évoquant l'autruche, comme *Ornithomimus* et *Oviraptor* ; à crête osseuse, comme *Lambeosaurus* et *Corythosaurus* ; à cornes, comme *Protoceratops* et *Triceratops*.

Il y eut aussi *Iguanodon*, herbivore géant, et *Tyrannosaurus,* le plus grand et le plus féroce de tous les dinosaures carnivores.

Tous s'épanouirent au cours du Crétacé, et pourtant au début du Tertiaire tous avaient disparu. Pourquoi ? L'explication demeure incertaine. Des changements climatiques, ont peut-être tari leurs sources de nourriture, et les dinosaures, incapables de s'adapter aux conditions nouvelles, s'éteignirent. Plésiosaures et ichtyosaures avaient continué de prospérer dans les mers, ainsi que les mosasaures, groupe apparenté aux lézards actuels. Mais eux aussi s'éteignirent à la fin du Crétacé.

Au centre, *Lambeosaurus,* membre des étranges hadrosaures à " crête ", principal groupe dinosaurien du Crétacé. Vivaient alors aussi *Ornithomimus,* plus petit, au fond à droite, crocodiles, lézards, tortues, et le ptérosaure *Pteranodon,* à droite. Les mammifères, de type musaraigne, devaient comme elle être insectivores.

Les ammonites, qui avaient abondé tout au long du Mésozoïque, disparurent de même à la fin du Crétacé.

Au Crétacé, les continents dérivent et la mer recouvre des zones d'Amérique du Nord et d'Eurasie, les franges de l'Afrique et de l'Amérique du Sud, ainsi que l'Australie centrale. D'importants affleurements fossilifères existent en Angleterre du sud-est, France, Pays-Bas et Suisse. Les principaux fossiles dinosauriens ont été trouvés en Europe occidentale, en Argentine, Mongolie, Amérique du Nord et Spitzberg.

L'âge des mammifères

Au début du Tertiaire, il y a 65 millions d'années, tous les groupes animaux actuels étaient constitués. L'évolution des invertébrés, poisons, amphibiens et reptiles se poursuivit, bien que certains membres de ces groupes aient disparu par la suite. Mais les progrès les plus spectaculaires se produisirent chez les oiseaux et les mammifères.

Tant que vécurent les dinosaures, les mammifères se développèrent peu. Mais au Tertiaire ils furent libres de s'épanouir. Les habitats, les sources de nourriture, jadis accaparés par les dinosaures étaient disponibles. Ils bénéficièrent également pour se nourrir de l'accroissement et de la diversification des plantes à fleurs, devenues la végétation dominante vers le milieu du Tertiaire.

Les mammifères insectivores du Crétacé, à l'aspect de musaraignes, évoluèrent rapidement. A la fin du Paléocène (il y a 55 millions d'années), 28 ordres différents de mammifères avaient apparu, ayant chacun son propre habitat ou un régime alimentaire particulier.

Durant l'Eocène et l'Oligocène, de 55 à 22,5 millions d'années, les mammifères proliférèrent beaucoup. Certaines branches échouèrent. Les condylarthes, comme *Phenacodus*, s'éteignirent à la fin de l'Eocène (il y a 38 millions d'années). Les déconcertants dinoceras et baluchitères s'éteignirent à la fin de l'Oligocène. Au début du Miocène, il ne restait que 20 ordres.

Durant la première partie du Tertiaire, des forêts denses recouvrirent en grande partie les terres. Mais au Miocène, de 22,5 à 6 millions d'années, ces forêts diminuèrent. Le Pliocène, de 6 à 1,8 millions d'années, connut de vastes étendues herbeuses parcourues par des troupeaux de mammifères brouteurs à sabots (chevaux à trois doigts, mastodontes, antilopes). Deux autres groupes, les litopernes et les notongulés, disparurent. Il ne restait donc que 18 ordres. Ils existent toujours.

Durant le Tertiaire, les continents se rapprochèrent de leur configuration présente. On trouve la plupart des dépôts tertiaires sur les bords des continents. Mais d'importants dépôts marins se formèrent dans des dépressions de l'intérieur (bassins parisien, londonien, et du Mississippi). L'Asie centrale connut des dépôts terrestres.

Maints mammifères de l'Oligocène vivaient en Amérique du Nord. Ici, au centre : deux massifs *Brontotherium*. Deux porcs géants (*Archaeotherium*) broutent des arbustes à leur droite, guettés par *Hoplophoneus*, félin à dents en sabre. A gauche, *Palaeolagus*, lapin primitif, épie le carnivore un peu canin *Cynodictis* au premier plan. Derrière le lapin, il y a trois groupes de mammifères à sabots : quatre petits *Leptomeryx* ; une bande de chameaux primitifs (*Poebrotherium*) ; et trois rhinocéros primitifs (*Hyracodon*) au fond.

La grande époque glaciaire et l'Homme

Le Quaternaire, où nous sommes encore, débuta il y a 1,8 million d'années. Mais durant sa première phase intervinrent les glaciations, qui ralentirent nettement l'évolution. Le Pléistocène (de 1,8 million à 10 000 ans avant nos jours) connut dans l'hémisphère Nord quatre périodes glaciaires, séparées par trois périodes interglaciaires où la glace reculait. Bien des animaux émigrèrent vers le sud et y restèrent. Seules survécurent les bêtes à fourrure épaisse.

Le genre humain fut le seul à progresser vraiment. Sa lignée remonte à *Ramapithecus*, grand singe sans queue du Pliocène.

Mais l'Homme proprement moderne apparut vers la fin de l'époque glaciaire.

Les glaciations entraînèrent l'extinction de maintes espèces animales. Mais beaucoup d'autres semblent avoir été victimes des chasseurs humains. Actuellement, le nombre des mammifères diminue toujours — souvent du fait de l'Homme.

Les dépôts du Pléistocène les mieux connus sont dus à l'expansion des nappes de glace et glaciers sur une grande partie de l'hémisphère Nord (voir la carte). Ce sont entre autres des argiles, sables et graviers. Les roches formées depuis la fin de l'époque glaciaire appartiennent à l'Holocène.

Le Pléistocène connut quatre périodes où la glace s'étala en nappes vers le sud. Lors de périodes intermédiaires plus chaudes, dites *interglaciaires,* la glace reculait. En blanc sur la carte : expansion maxima de la glace. Fuyant la glace, maints mammifères émigrèrent définitivement au sud. Restèrent surtout ceux qui pouvaient résister au froid. Ici : mammouths et rhinocéros " laineux ", rennes à forte fourrure. Ils vivaient dans les zones bordant les nappes de glace. Mais, à force de les chasser, l'Homme provoqua leur extinction.

Les flancs de falaise sont parmi les meilleurs endroits où chercher des fossiles. Mais veillez à ne pas être surpris par la marée montante.

La recherche des fossiles

Rechercher et rassembler des fossiles peut être passionnant. Certains collectionneurs en ont de toutes les périodes, du Cambrien au Quaternaire. Mais en se spécialisant dans une période ou une époque, on peut devenir expert et avoir une meilleure chance de découvrir une espèce fossile inconnue — espoir de tout fervent amateur.

Avant toute chose, il faut connaître la géologie de la région, donc se procurer une carte géologique indiquant l'emplacement et l'âge des roches sédimentaires. Il faut rechercher les endroits où ces roches sont à nu. Falaises et carrières sont particulièrement indiquées. Grottes, routes en chantier, berges, voire des tranchées fraîchement creusées, peuvent aussi receler des fossiles. Pour plus amples renseignements, adressez-vous au musée local, ou éventuellement à une société régionale de géologie.

L'équipement

Un chercheur de fossiles doit être bien équipé, mais sans excès. Trop chargé, on se fatigue vite. Que faut-il ? D'abord : un sac. Le genre gibecière peut convenir, mais un sac à dos est plus commode pour les escalades. Ensuite : marteaux géologiques, ciseaux à froid, brosses (voir p. 54). Puis, tout le nécessaire pour transporter les fossiles, souvent fragiles : sacs en plastique et boîtes à tabac garnis d'ouate, pour les petits ; papier journal et ficelle pour empaqueter les plus grands. Autres objets utiles : carte de la région, carnet et étiquettes pour répertorier et marquer les fossiles ; un tamis (pour trouver de petits fossiles dans le sable ou l'argile).

Enfin, il est bon de pouvoir photographier un fossile avant de le prélever, ou, si sa taille ne permet pas de le déplacer, d'en conserver des clichés (ou des dessins). De grands spécimens complets sont rares. Récoltez donc le plus de fragments possible. Triez-les chez vous et tentez de les assembler.

A FAIRE ET A NE PAS FAIRE

Dites toujours à quelqu'un où vous allez et quand vous comptez revenir. Partez avec un compagnon si possible.

N'escaladez pas une falaise qui paraît dangereuse. Voyez s'il n'y a pas un écriteau de mise en garde.

Demandez toujours la permission au propriétaire avant de chercher des fossiles dans ses terres.

Demandez toujours la permission aux responsables avant d'explorer une carrière exploitée. On vous autorisera probablement à y pénétrer en fin de semaine.

N'endommagez pas : clôtures, barrières, cultures. Restez sur les sentiers ou contournez les champs.

Restez à l'écart du bétail.

Refermez toute barrière ou grille.

Ne laissez pas de détritus.

Cartes géologiques

Sur la carte simplifiée, en bas, routes, villages et reliefs sont indiqués en noir. La coupe transversale permet de voir qu'une pente abrupte y surplombe une plaine. La carte indique que la zone basse, *a,* consiste en argiles et marnes triasiques. Couches redressées (*b, c* et *d*) : argilites, siltites et grès du Jurassique inférieur. Couches *e* et *f* : calcaires du Jurassique supérieur.

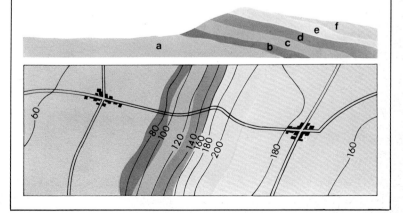

A droite : Un géologue extrait d'une roche un bivalve *Gervillella*.

Extraction des fossiles

N'escaladez jamais une carrière ou une falaise. C'est dangereux. Et tenez-vous à l'écart d'une falaise si un écriteau vous y invite. Après une forte pluie, de gros blocs peuvent s'en détacher. D'une paroi de carrière ou d'un flanc de falaise tombent d'ailleurs constamment de petites roches. Ce sont elles et celles mises à nu *à la base* qu'il faut examiner. Sur le rivage, certains fossiles sont arrachés des roches par la mer, qui peut aussi les entraîner dans des poches à la base des rochers.

La plupart des fossiles sont encastrés dans la roche. Ne risquez pas de briser le fossile et de faire un inutile gâchis en attaquant la roche sur-le-champ. Cherchez d'abord les *plans de stratification* (lignes indiquant les étagements sédimentaires). La roche doit se cliver aisément le long de ces lignes.

Marteaux et ciseaux

Le marteau géologique standard a un bout plat pour frapper et un bout tranchant. Un marteau d'environ 1 kg est un bon outil de base, mais de plus légers sont indiqués pour des travaux délicats. Pour ouvrir la roche, frappez-la soigneusement

Ci-contre : Une même portion de roche peut réunir plusieurs fossiles. Dans ce " *bone bed* " (banc d'os) : os d'un membre de petit dinosaure.

54

à l'endroit choisi avec le tranchant du marteau ou un coin du bout plat. Chaque type de roche ayant sa propre façon de se fendre, faites quelques essais sur une portion de la même roche ne contenant pas de fossile. Certains marteaux ont un bout pointu qui peut servir de levier ou de petit pic pour entamer la roche tout autour du fossile.

On se sert de ciseaux (à tranchants de 5 à 0,6 cm de large) pour enlever des portions de roche contenant des fossiles ou faire sauter des éclats. Avec le ciseau, il vaut mieux utiliser un marteau lourd à tête double. Ne taillez pas trop près du fossile. Vous pourriez l'endommager.

On trouve certains fossiles dans des *nodules* (concrétions minérales arrondies). Les nodules de minerai de fer provenant de terrils près des mines de charbon contiennent souvent des fossiles, y compris de poissons et d'insectes. Les nodules de silex sont parfois creux et peuvent contenir un oursin ou une éponge. Le nodule s'ouvre avec un petit marteau.

Méfiez-vous des imitations !

Il existe de faux fossiles. On peut prendre pour des brindilles ou des insectes fossiles des ramifications de calcite à l'intérieur de nodules de calcaire argileux. Et quand on frappe un nodule de silex, les ondes de choc peuvent provoquer à l'intérieur des sortes de rides évoquant un trilobite.

Dégagement des fossiles

Pour ôter la matière rocheuse indésirable, on peut d'abord dégrossir, avec précaution, au ciseau. Mais, près du fossile, grattez avec un canif, et, pour un prélèvement délicat, utilisez une aiguille insérée dans un manche. Un petit outil électrique à percussion permet d'économiser du temps et se contrôle plus aisément qu'un ciseau ; on peut en régler la vitesse suivant la finesse du travail à exécuter.

Lavage des fossiles

Brosser sous eau courante peut éliminer certaines matières, comme la craie et l'argile. Mais prudence ! Un fossile déjà fêlé peut se briser pendant l'opération, et il pourrait être impossible d'en ressouder les parties. Evitez de brosser ou gratter la surface d'oursins enserrés dans la craie. Vous supprimeriez les détails, ainsi que de petits animaux (coraux, éponges, bryozoaires) pouvant se trouver là.

Traitement à l'acide

On peut éliminer divers calcaires avec un acide, soit acétique, soit chlorhydrique. Essayez d'abord l'acide acétique, l'acide chlorhydrique est plus dangereux. La méthode, convenant pour les os, dents et poissons fossiles, est décrite ci-contre.

N'oubliez pas que l'acide brûle et entame aussi la peau et les vêtements ; auquel cas, lavez vite à l'eau. Opérez toujours dans un local bien aéré, de préférence une resserre de jardin, et servez-vous de récipients en verre ou plastique.

L'acide peut également être dangereux pour le fossile. Faites un

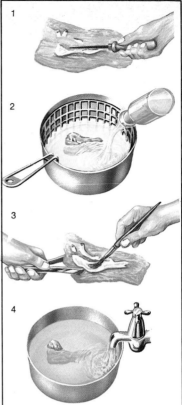

Extraction à l'acide

1. Otez les fragments rocheux détachables avec une aiguille et enduisez de solution Durofix les parties à nu du fossile (voir le texte).

2. Plongez la roche dans l'acide à l'aide d'un panier ou d'une passoire en plastique. A défaut, mettez des gants de caoutchouc.

3. A mesure que la roche est rongée, enduisez de solution Durofix les parties du fossile mises à nu. Tenez la roche avec des pincettes en plastique.

4. Une fois le fossile bien dégagé, faites tremper la roche dans l'eau environ deux semaines.

essai sur le fossile lui-même avec un peu d'acide. Et sachez que les spécimens ayant été en contact avec de l'eau salée doivent d'abord être lavés à fond.

Il faut aussi, avant d'opérer, protéger le fossile, et le durcir, en l'enduisant d'une solution spéciale ; ce peut être de la colle Durofix diluée dans des parts égales d'acétone et d'acétate d'amyle (*ATTENTION : Cette solution est très inflammable*). Elle peut d'ailleurs servir à durcir tout fossile fragile. En durcissant un fossile avant d'éliminer sa gangue rocheuse, on risque beaucoup moins de le briser.

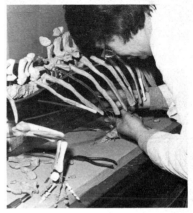

Les techniciens des musées savent reconstituer un squelette entier à partir d'os fossiles isolés. Ici, une armature métallique est utilisée pour soutenir les os.

Réalisation d'un moulage

1. Etendez sur le fossile des couches de latex. Laissez prendre entre chaque couche.

2. Incisez avec soin, ouvrez (l'envers ou le côté le moins intéressant) et ôtez le fossile.

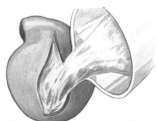

3. Emplissez le moule de plâtre de moulage, en supprimant toute bulle d'air.

4. Enlevez le moule et vous aurez votre moulage en plâtre.

Fossiles pyriteux

Les fossiles composés de pyrite (sulfure naturel) de fer commencent à se désintégrer dès qu'ils sont exposés à l'air. Pour y remédier, enlevez à l'eau toute trace de sel, puis suspendez le fossile au-dessus d'un bol d'ammoniac. Les émanations empêcheront tout acide présent d'attaquer le fossile. On traite parfois les fossiles pyriteux avec des *agents antibactériens* (à leur sujet, consultez votre pharmacien). Enfin, mettez le fossile à l'abri de l'air en l'enduisant de solution Durofix.

Assemblage d'éléments séparés

Certains fossiles seront cassés, en plusieurs morceaux. On peut les ressouder temporairement avec de la colle imperméable, ou de façon permanente avec de la colle plastique (*résine synthétique*). Les brèches seront comblées avec une pâte plastique, comme l'Isopon, que l'on pourra passer, une fois sèche et dure, au papier de verre.

Conservation et présentation

On peut enchâsser certains fossiles fragiles dans de l'Isopon. D'autres, englobés de plastique transparent, seront ainsi totalement à l'abri de l'air. Mais on peut laisser la plupart tels qu'on les a trouvés ou les durcir avec une solution Durofix si nécessaire.

Faire un moulage (voir p. 57) peut être captivant, et particulièrement utile si l'on craint que le fossile ne se conserve pas.

Quant à la présentation, à vous de décider. Achetez une vitrine, ou aménagez une petite commode. Où que vous les placiez, veillez à étiqueter vos fossiles après les avoir identifiés. Pour cela, documentez-vous, allez voir tout ce qu'exposent les musées d'histoire naturelle et de géologie. Si un spécimen vous déroute, demandez à quelqu'un de qualifié de l'identifier. Adressez-vous aux bibliothèques et aux sociétés de géologie locales.

Visiter les musées a d'autres avantages. On y voit exposés les fossiles que l'on peut espérer trouver, et aussi des restaurations et reconstitutions de fossiles réalisées par des spécialistes. Enfin un musée possède généralement des copies de fossiles rares d'autres pays.

Les musées d'histoire
naturelle et de géologie
exposent des fossiles,
reconstitutions, modèles
et moulages d'animaux
préhistoriques. Ici :
Phobosuchus, crocodile
du Crétacé supérieur.

A gauche : Le Dinosaur
National Monument (Utah,
USA) expose des os
fossiles dans les roches
mêmes où ils furent
trouvés.

A droite : Les enfants
ont découvert une
ammonite fossile dans
une roche sur la côte de
Portland (Dorset, Angle-
terre). La chasse aux
fossiles est un passe-
temps apprécié par toute
la famille.

Stromatolite précambrien, formé par les algues bleues (une des principales formes de vie d'il y a 2,8 milliards d'années). La coupe révèle les couches calcaires.

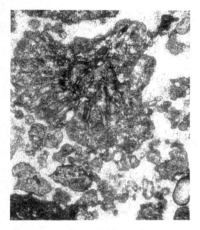

Ci-dessus : *Zonotrichites,* algues bleues du Trias, dans une tranche de roche trouvée en Arabie.
Ci-dessous : *Nummulites,* foramini-fère de l'Eocène, en forme de monnaie, trouvé dans l'île de Wight (Angl.).

Guide des fossiles

Les premières formes de vie furent des plantes unicellulaires micro-scopiques. Elles formèrent les plus vieux fossiles connus. C'étaient des algues. Le premier groupe animal fut celui des protozoaires. Protozoaires et algues existent toujours. On peut trouver des fos-siles de ces deux groupes dans maintes roches très anciennes, les plus primitives exceptées.

L'examen de ces fossiles est difficile. D'abord, ils sont si petits qu'il faut utiliser un microscope. Ensuite, on ne décèle souvent des algues fossiles qu'en examinant de fines tranches de roche. Enfin, pour recueillir des protozoaires fossiles, des techniques spéciales de filtrage sont en général néces-saires. On ne peut donc guère étudier ces fossiles sans équipe-ment approprié.

Algues fossiles

Les plus anciens fossiles connus sont ceux d'algues bleues prove-nant de roches appelées " cherts ". Les cherts de Fig-Tree en Rhodésie (Afrique) sont âgés de 3,1 milliards d'années, et ceux de " Gunflint ", près du lac Supé-rieur (Amérique du Nord), d'en-viron 2 milliards d'années.

On a trouvé des stromatolites de 2 800 millions d'années. Ce ne sont pas de vrais fossiles, mais des couches de calcaire sécrété par des algues bleues. Il existe encore des algues bleues formant des stromatolites dans la " baie du Requin " (Shark Bay) en Australie.

Les algues primitives étaient toutes unicellulaires. Les types

Algue filamenteuse du Pliocène fossilisée dans la diatomite, dépôt formé au fond de la mer par des restes de diatomées. Fossile trouvé en Californie, USA. Ces algues, consistant en longues chaînes ramifiées de cellules, sont courantes de nos jours.

multicellulaires ultérieurs peuvent avoir l'aspect de boules, de filaments ou de feuilles.

Les protozoaires

Les biologistes divisent les protozoaires en quatre groupes : sporozoaires, ciliés, flagellés et réticulés.

N'ayant pas de parties dures, sporozoaires et ciliés n'ont pas formé de fossiles. Certains flagellés ont un squelette ferme, mais ils sont si petits (moins de 0,1 mm de section) qu'ils sont difficiles à repérer.

Les fossiles de réticulés (divisés en deux sous-groupes : foraminifères et radiolaires) sont les plus répandus.

On trouve des foraminifères dans toutes les roches postérieures à l'Ordovicien, mais surtout dans celles du Mésozoïque et du Cénozoïque. Ils ont tous des coquilles à loges. Certains, comme *Nodosaria* et *Textularia*, ont une structure simple. D'autres, comme *Globigerina* et *Nummulites*, sont plus compliqués. On trouve des radiolaires dans toutes les roches postérieures au Précambrien. Ils ont des squelettes fournis, variés, souvent munis de piquants.

Il y a parfois dans les squelettes fossiles de foraminifères ou de radiolaires des pores par où les parties animales molles projetaient de minuscules pseudopodes (" faux pieds ").

Les radiolaires sont des protozoaires qui vivent dans la mer. On trouve leurs fossiles dans les roches à partir du Précambrien.

Orifice exhalant

Orifices inhalants

Eponge simple, comme *Peronidella,* ci-contre. Les flèches montrent que l'eau pénètre par plusieurs pores *inhalants* et sort par un seul orifice *exhalant.*

Eponges fossiles

Les éponges sont les plus simples des animaux multicellulaires. On les a longtemps considérées comme des plantes, car elles n'ont aucun des organes courants des animaux, bouche ou estomac. Mais elles ont un squelette, composé de *spicules,* fragments de calcite ou de silice. Les cellules de l'éponge se disposent autour des spicules pour former des canaux, par où l'eau apporte oxygène et nourriture. Ces canaux communiquent avec l'extérieur par des pores ; d'où le nom scientifique du groupe : Porifera (" porteurs de pores ").

Seules les éponges à squelette assez ferme forment des fossiles. On peut trouver des spicules fossiles, mais on ne peut les voir qu'au microscope. Identifier des éponges fossiles est difficile. Quelques-unes (voir ci-contre) ont une forme caractéristique. Mais pour beaucoup l'examen de leurs spicules au microscope est nécessaire.

Coupe d'une éponge plus évoluée, comme *Hydnoceras,* ci-contre. Son système de canaux est plus compliqué. Les orifices exhalants donnent sur un grand espace central, d'où l'eau est évacuée par un grand oscule au sommet.

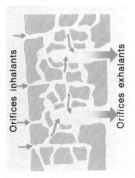

Orifices inhalants

Orifices exhalants

Liste explicative des fossiles ci-contre
1. *Hallirhoa,* éponge du Crétacé. **2.** *Hydnoceras,* grande éponge dévonienne et carbonifère en forme de vase, qu'on trouve en Europe et Amérique du Nord, en particulier dans les roches dévoniennes de New York ; aisément reconnaissable par son motif en treillis et ses renflements régulièrement espacés **3.** *Doryderma,* éponge branchue assez grande (roches européennes du Carbonifère au Crétacé). Diamètre des branches : en général plus d'un centimètre. **4.** *Peronidella,* éponge triasique, jurassique et crétacée, composée d'un certain nombre d'unités simples. On voit que chaque unité a son orifice exhalant. **5.** *Cliona,* éponge trouvée un peu partout dans les roches du Dévonien à l'Holocène. Fouisseuse, elle forme des nodules dans les coquilles ou les roches. Ce spécimen s'est logé dans la coquille d'un bivalve, *Inoceramus.*

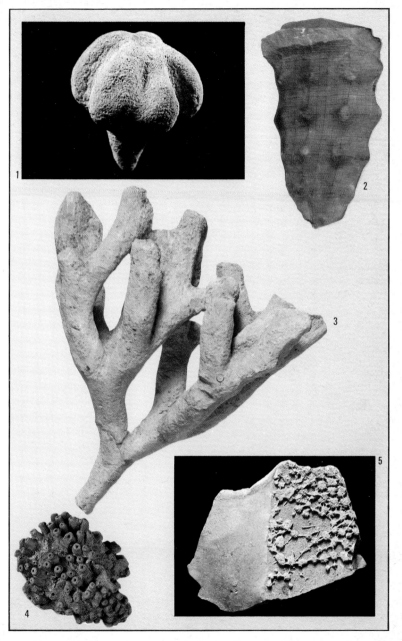

63

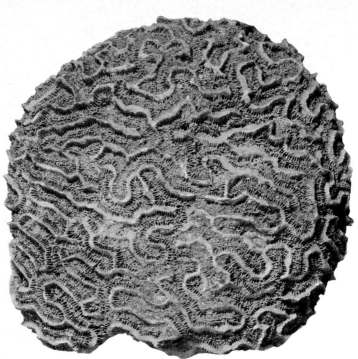

Meandrina, grand corail colonial trouvé en Amérique du Sud, en Europe et aux Antilles dans des roches de l'Eocène à l'Holocène. C'est un des coraux dits " cérébriformes ". Les septa partent en pente des structures axiales basses au centre de la corallite.

Coraux fossiles

Les coraux fossiles ont l'air d'étranges structures rocheuses. Ce sont en fait des squelettes. Les coraux appartiennent comme les anémones de mer au groupe des cœlentérés. Contrairement à l'anémone de mer, l'animal du corail, ou *polype*, construit un squelette calcaire dont il s'entoure. Les coraux peuvent être *solitaires* ou *coloniaux* (plusieurs polypes vivant dans un même squelette). Les coraux coloniaux forment souvent de grands récifs.

Les coraux fossiles sont répandus parce que les squelettes calcaires se fossilisent aisément. On trouve des calcaires coralliens parmi les roches à partir de l'Ordovicien. Le Paléozoïque a connu diverses formes solitaires et coloniales. Mais les vrais coraux constructeurs de récifs ne se sont développés qu'au Trias.

Classification des coraux fossiles

La forme et la structure des coraux varient. On ne peut voir les détails de certains coraux solitaires qu'au microscope, mais d'autres sont grands. On classe les coraux d'après leurs différences de structure. Pour comprendre les classifications, on doit connaître quelques termes. Le *corallum* est la masse entière d'un corail colonial. Les calices où vivaient les polypes sont des *corallites,* qui peuvent être divisées par des cloisons verticales, dites *septa*. Une *structure axiale,* au centre, peut différer du reste de la corallite en étant spongieuse ou dure. Mais beaucoup de coraux n'en ont pas.

Caninia : grand corail solitaire qu'on trouve dans des roches carbonifères et permiennes d'Amérique du Nord, Europe, Asie et Australie.

Le polype vivait au centre du corail dans le tube central.
Lithostrotion : corail colonial qu'on trouve en plusieurs parties du monde dans des roches carbonifères ; corallites longues et pouvant avoir huit millimètres de diamètre.

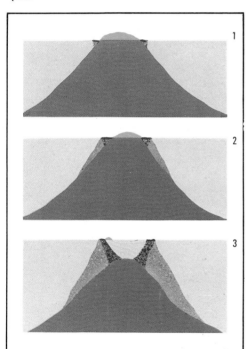

Comment se forme un récif de corail
1. Un anneau de corail se forme tout autour d'une île volcanique près de la surface. **2.** Le niveau de la mer s'élève de même que le corail. **3.** L'île disparaît sous la mer, laissant un récif de corail autour d'un lagon et éventuellement une île de corail. Seul le corail de surface est vivant. Le reste est du squelette.

Bryozoaires fossiles

Les bryozoaires se groupent en colonies comme les coraux, mais chaque animal vit à part dans une loge calcaire. Les bryozoaires actuels ressemblent à des mousses. A l'état fossile, on en trouve dans la plupart des roches calcaires à partir de l'Ordovicien. Au Paléozoïque, ils contribuèrent à constituer des récifs.

1

Leurs fossiles, souvent délicats, peuvent s'extraire avec de l'acide chlorhydrique dilué à 3 % (voir p. 56). On les trouve parfois fixés sur des coquilles de brachiopodes ou des tests d'oursins.

Formes variables : le genre *Penniretepora* a un aspect de fougères ; d'autres forment des nodules, comme *Lunulites,* ou des incrustations, comme *Reticrisina.* Pour la plupart, on les identifie en examinant leurs structures au microscope.

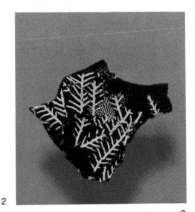

2

3

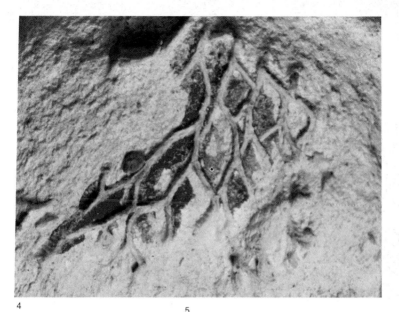

4

5

6

Liste explicative des fossiles
1. *Constellaria*, bryozoaire branchu de l'Ordovicien. On trouve ses fossiles en Europe. **2.** *Penniretepora*, bryozoaire délicat, à l'aspect de fougère, provenant de roches dévoniennes, carbonifères et permiennes d'Europe et d'Amérique du Nord. **3.** *Fenestella*, bryozoaire à l'aspect de filet ayant existé de l'Ordovicien au Permien. On trouve ses fossiles en Europe. **4.** *Retecrisina*, bryozoaire incrusté dans des roches crétacées d'Europe. Son réseau de branches était fermement fixé à la roche. (Le fossile est peint en rouge pour qu'il se détache sur le fond.) **5.** *Lunulites*, petit bryozoaire de moins d'un centimètre de diamètre. Il a existé du Crétacé à l'Eocène. On le trouve à l'état de fossile en Europe et Amérique du Nord. **6.** *Meandropora*, grand bryozoaire du Pliocène qu'on trouve en Europe. Il consistait en longs tubes reliés ensemble.

Coupes de tiges fossiles de *Rhynia gwynne-vaughani*, à gauche, et d'*Asteroxylon mackiei*, à droite. Ces deux fossiles apparaissent dans des cherts d'Ecosse. On croit que ces dépôts furent à un moment donné une tourbière
Ci-dessous à gauche : reconstitution de *Rhynia gwynne-vaughani*. On y voit des capsules à spores au bout de branches minces et lisses. La tige d'*Asteroxylon mackiei*, à droite, était couverte de feuilles écailleuses. Ces deux plantes étaient issues de tiges rampant sous le sol, appelées *rhizomes*.

Fossiles de plantes inférieures (cryptogames)

Les plantes inférieures sont celles qui ne se reproduisent pas par graines. Elles comprennent actuellement : algues, champignons (et apparentés), bryophytes (mousses et hépatiques), ptéridophytes. On trouve des algues fossiles dans des roches de tout âge (voir p. 60). Les fossiles de champignons et de bryophytes sont rares. Les plus abondants sont ceux de plantes terrestres primitives, ancêtres des prêles, lycopodiales et fougères actuelles.

Plantes terrestres primitives (cryptogames vasculaires)

Les plus anciennes connues appartenaient au groupe des psilophytes, plantes des marais, très probablement, dont les parties inférieures devaient être constamment dans l'eau. On a trouvé peu de psilophytes fossiles, et ce dans des roches siluriennes et dévoniennes d'Australie, Allemagne et Ecosse. Divers types : *Rhynia, Horneophyton, Zosterophyllum, Asteroxylon*. On n'en trouve que dans la première partie du Dévonien ; mais on pense que ce furent les ancêtres des psilotes actuels : *Psilotum* et *Tmesipteris*.

Lycopodiales et prêles

Lycopodiales et prêles furent plus abondantes. *Aldanophyton,* trouvé en Sibérie,

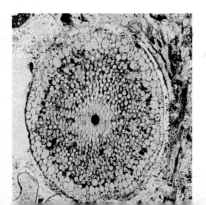

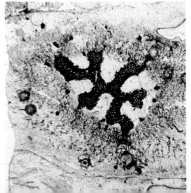

remonterait au Cambrien. *Barawagnathia* apparaît dans des roches siluriennes d'Australie. Mais c'est au Carbonifère et au Permien qu'elles proliférèrent. Après, leur nombre diminua. Aujourd'hui, il n'en reste que six genres, dont la lycopodiale *Selaginella* et la prèle *Equisetum*.

Les plus connues du Carbonifère et du Permien sont *Lepidodendron* (voir p. 70) et *Calamites* (sur cette page). Il y a plusieurs espèces de ces deux genres, mais aussi bien d'autres genres, dont *Sigillaria, Pleuromeia, Bothrodendron, Nathorstiana*. On trouve toutes ces plantes fossiles en Europe. Elles faisaient partie des vastes forêts marécageuses du Carbonifère, qui sont à l'origine des gisements houillers.

Calamites : prèle du Carbonifère. C'est en fait le nom donné à des morceaux de tige (ci-dessus). Comme on ne trouve jamais de plantes fossiles entières, il est souvent difficile de relier telle tige à telle feuille. Mais on croit que les feuilles fossiles nommées *Annularia*, à gauche, s'associent à la tige ci-dessus. La reconstitution de la plante *Calamites*, ci-dessous, serait ainsi valable.

Les fougères

On qualifie souvent le Carbonifère d' « âge des fougères ». Ce n'est pas strictement exact. Il s'agissait surtout de fougères à graines, ou ptéridospermes (voir p. 71). Les vraies fougères ne se reproduisent pas par graines, mais au moyen de spores. Une des plus anciennes, *Cladoxylon*, révélée par des fossiles du Dévonien moyen en Allemagne, semble avoir eu d'épaisses branches vertes, parfois munies de petites feuilles en éventail. Celles du Carbonifère, comme *Stauropteris* et *Etapteris*, avaient des structures plus délicates, comme celles des très abondantes fougères actuelles.

Lepidodendron : le plus grand
lycopode du Carbonifère.
Hauteur : parfois 30 mètres ;
diamètre du tronc : parfois
2 mètres. La reconstitution
ci-dessus montre qu'il ressemblait à un arbre moderne.
Mais le tronc n'était pas aussi
ligneux. Les feuilles d'un
jeune *Lepidodendron* sortaient
directement du tronc. Mais
celles des plantes plus âgées
ne poussaient plus que sur les
branches, comme dans le
fossile d'en haut à droite.
Les feuilles du tronc tom-
baient, laissant un motif
formé par leurs bases en
losange, comme sur le tronc
fossile à droite.

Fossiles de plantes supérieures (phanérogames)

Les plantes supérieures se reproduisent par graines. Les plus répandues sont les plantes à fleurs, apparues au Crétacé. La plupart de leurs fossiles se trouvent dans les roches cénozoïques. L'autre groupe de plantes à graines est surtout formé des conifères.

Les ptéridospermes

Les ptéridospermes, ou fougères à graines, ancêtres des plantes à fleurs, existèrent du Dévonien au Trias. Les plantes de ce groupe ressemblaient aux fougères à bien des égards, mais produisaient des graines aux extrémités de branches spéciales.

Comme on ne trouvait jamais que des fragments fossiles de ces plantes, on donna des noms différents aux tiges, feuilles et graines. On réalisa plus tard que certaines d'entre elles devaient provenir de la même plante, mais sans que l'on pût toujours dire que telle feuille était reliée à telle tige. On conserva donc ces noms, dits de *fossiles formels*. Ainsi *Medullosa* et *Sutcliffia* désignent certaines tiges. Leur sont reliées les frondes appartenant aux fossiles formels *Alethopteris*, *Pecopteris* et *Neuropteris*.

Deux frondes fossiles de fougères à graines : *Pecopteris*, en haut, et *Neuropteris*, en bas, provenant de gisements houillers.
Ci-dessous : reconstitution de *Medullosa*, genre de plante auquel elles appartenaient.

Les cycadales

Les ptéridospermes donnèrent naissance aux plantes à fleurs et aux cycadales. Il existe encore neuf genres de cycadales ; les autres ne dépassèrent guère le Mésozoïque. Elles ont des sortes de palmes et produisent leurs graines dans des cônes.

71

Cordaïtales et bennettitales

Les conifères sont issus du groupe des cordaïtales, grands arbres des forêts dévoniennes, carbonifères et permiennes. Ils produisaient des cônes moins complexes que ceux des conifères modernes.

Egalement issues des cordaïtales, les ginkgoales formèrent du Jurassique au Tertiaire un groupe assez important, dont un seul membre réussit à survivre jusqu'à nos jours : le *ginkgo biloba* (voir p. 9).

Il se peut bien que les bennettitales soient issues aussi des cordaïtales, mais leur mode d'évolution demeure un problème. Elles ressemblent aux cycadales, mais portent leurs graines dans des structures ressemblant à des fleurs. Or, elles ne sont probablement apparentées ni aux cycadales ni aux plantes à fleurs.

Fruits fossiles de plantes à fleurs extraits d'argile du Tertiaire inférieur.

Les plantes à fleurs

Les plantes à fleurs sont de loin les plus répandues de toutes les plantes modernes, car elles produisent des graines de façon plus efficace que tout autre groupe. Leurs graines sont bien protégées, et, une fois formées, leur mode de dispersion est très approprié. On trouve en conséquence presque partout une multitude de variétés de plantes à fleurs.

Certaines plantes à fleurs modernes apparaissent à l'état fossile dès le Crétacé, entre autres celles des familles du laurier et du platane. Il existe encore plusieurs genres de lauriers, mais un seul genre de platane : *Platanus*. A la page 11, on peut voir une feuille de platane fossile.

Reconstitution de *Cycadoidea,* bennettitale du Crétacé.
Ci-dessous : à droite, tige fossile de *Cycadoidea* ; au centre, cône fossile de cycadale (on trouve les fossiles de cycadales dans des roches du Trias supérieur et du Crétacé) ; à gauche, reconstitution de *Palaeocycas,* cycadale du Crétacé.

Dès le Paléocène, les plantes à fleurs devinrent la principale forme de végétation. A partir de l'Oligocène, leurs fossiles sont très modernes d'aspect.

Feuille fossile de peuplier de l'Holocène, ce qui explique son aspect moderne.

Les traces fossiles

Les vers ont un corps mou. Les fossiles des animaux eux-mêmes sont donc rares. Mais beaucoup creusent des galeries en forme de tube, et fossilisables.

Parmi les vers modernes, les plats (plathelminthes) ne laissent pas de fossiles, n'étant pas fouisseurs ; mais les annelés (annélides) comprennent tous les vers segmentés (vers de terre, etc.), dont beaucoup creusent des galeries, qu'on trouve fossilisés dans des roches de tout âge.

Deux fossiles microscopiques sont parfois reliés aux vers : *scolécodontes*, structures dentelées ressemblant aux mâchoires de certains annélides modernes, et *conodontes*, en forme de dent (dans les roches ordoviciennes et crétacées). Mais certains savants pensent que ce sont des parties de gastéropodes, crustacés ou poissons.

Ci-contre : galeries fossiles de vers, dits *Ophiomorpha*, trouvées dans des roches du Crétacé inférieur de l'île de Wight, au sud de l'Angleterre. On savait qu'elles devaient avoir été creusées par un animal marin. Mais, curieusement, ce fossile fut extrait de roches supposées d'origine non marine.

A gauche : Un fossile précambrien : *Spriggina* (Australie). L'enveloppe résistante de ce ver a laissé une empreinte dans la roche il y a plus de 700 millions d'années.

En bas à gauche : galeries de vers dans une roche du Cambrien moyen.
En bas à droite : tubes fossilisés de ver serpulidé. Les serpulidés vivent en permanence dans des tubes calcaires, qui forment d'excellents fossiles.

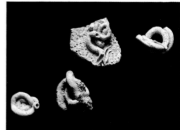

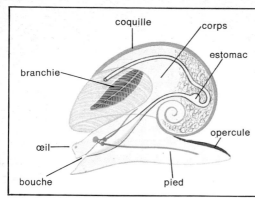

coquille corps estomac branchie œil bouche pied opercule

La coquille d'un gastéropode est une sorte de maison mobile. Menacé, l'animal se retire dans sa coquille. Il ferme l'ouverture avec son *opercule*. Il " respire " par ses branchies, tirant son oxygène de l'eau. Tous les gastéropodes fossiles vivaient dans l'eau. Certains gastéropodes modernes sont terrestres et respirent au moyen d'un poumon.

Ci-dessus : *Poleumita*, grand gastéropode silurien d'Europe et Amérique du Nord (5-9 centimètres en travers). Ci-dessous : deux fossiles de *Pleurotomaria*, gastéropode silurien. Pour le Paléozoïque, c'est un type inhabituel, car il est spiralé en cône.

Gastéropodes fossiles

Les gastéropodes font partie du grand groupe animal des mollusques, qui comprend aussi les bivalves (p. 78) et les céphalopodes (p. 80). On connaît plus de 15 000 espèces de gastéropodes fossiles.

On peut en trouver dans des dépôts marins ou d'eau douce. On connaît des gastéropodes marins remontant au début du Cambrien. Leur nombre s'accrut rapidement durant l'Ordovicien. Les premiers gastéropodes d'eau douce datent du Carbonifère supérieur. Ces gastéropodes primitifs sont relativement simples. Ils peuvent être enroulés sur eux-mêmes, en soleil. Ceux du Mésozoïque ont souvent une structure plus compliquée. Les types coniques et en spirale sont courants. Les coquilles sont souvent ornées de dessins ou sculptées.

On trouve la plus grande variété de fossiles dans les roches éocènes et oligocènes d'Europe. Les gastéropodes du Pliocène et du Pléistocène sont pour la plupart de type moderne. De nos jours, il y en a 35 000 espèces.

Trepospira : gastéropode simple qu'on trouve dans des roches dévoniennes et permiennes d'Afrique, d'Europe, d'Amérique du Nord et du Sud. Sa coquille est spiralée en un cône peu prononcé, d'environ 3 centimètres de long. Elle possède une série de petites bosses juste en dessous de la suture (ligne où se joignent les anneaux successifs de la spirale).

Olivella : beau gastéropode plus évolué qu'on trouve un peu partout dans des roches du Crétacé jusqu'à l'Holocène. Il a en général moins de 4 centimètres de long.

Clavilithes : grand gastéropode conique, de 10 à 15 centimètres de long, provenant de roches de l'Eocène au Pliocène en Asie, Europe et Amérique du Nord. A droite, la coquille a été coupée en deux. On voit la colonne centrale *(columella)*, autour de laquelle est disposé le *canal* de la spirale.

Les bivalves

Le second groupe des mollusques est celui des bivalves, ainsi nommés parce que leur coquille est en deux parties, ou *valves* jointes au sommet par une charnière. Bivalves modernes : moules, huîtres, peignes, palourdes, coques, etc.

Les deux moitiés de la coquille sont en général des répliques l'une de l'autre. Mais certains membres de la famille des huîtres, dont *Gryphaea* (ci-contre), ont une valve plus grande que l'autre.

Ci-dessous : diagramme de bivalve montrant la disposition des organes dans la coquille. Les deux forts *muscles adducteurs* maintiennent ensemble les deux moitiés de la coquille, ou *valves*, jointes au sommet par une charnière, qui est parfois munie de dents jouant un rôle dans l'ouverture et la fermeture. L'animal se sert du *pied* pour se propulser et s'enfoncer dans le sable ou la vase. Il s'alimente et " respire " en puisant l'eau par le *siphon inhalant*. *Palpes* et *branchies* trient les particules alimentaires, conduites ensuite à la bouche. Les branchies servent aussi à tirer l'oxygène de l'eau. Une fois prélevés oxygène et nourriture, l'eau est évacuée par le siphon exhalant.

Ci-contre : **1.** *Meleagrinella*, petit bivalve triasique et jurassique à valve gauche bombée et striée comme celles d'une coque. La valve droite est plate et lisse. **2.** *Schizodus*, petit bivalve carbonifférien et permien. **3.** *Gryphaea*, bivalve triasique et jurassique à très grande valve gauche qui s'incurve par-dessus la valve droite. Le coquillage ressemble ainsi à une ammonite. **4.** *Pholadomya*, bivalve du Trias à l'Holocène. **5.** *Hippurites*, bivalve inhabituel appartenant au groupe éteint des rudistes. La grande valve forme un tube que la petite valve coiffe comme un couvercle. **6.** *Trigonia*, bivalve triangulaire qu'on trouve dans des roches du Trias au Crétacé.

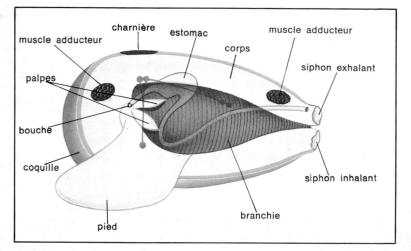

Les céphalopodes

Les céphalopodes sont des mollusques munis de tentacules — extensions du pied des gastéropodes (p. 76) et des bivalves (p. 78) — placés sur la tête et autour de la bouche (*céphalo-pode* signifie littéralement « tête-pied »).

Les céphalopodes comprennent les nautiloïdés, les ammonoïdés, les bélemnoïdés, les seiches, les calmars et les pieuvres. Les ammonoïdés, les bélemnoïdés et les nautiloïdés, à l'exception du *Nautilus*, ont aujourd'hui disparu.

Les nautiloïdés et les ammonoïdés ressemblent à des gastéropodes plats. Mais des *lignes de suture* marquent la jonction de leurs cloisons internes, ou *septa*, avec leur coquille. Ces sutures sont nettement visibles sur les moules internes. Dans le cas des moules externes, il suffit, pour les faire apparaître, de gratter légèrement la coquille.

Les nautiloïdés

Les premiers céphalopodes, les nautiloïdés, furent répandus du Cambrien à l'époque Récente. A la différence du *Nautilus* d'aujourd'hui, les nautiloïdés du Cambrien et de l'Ordovicien n'étaient pas spiralés mais droits, et leur épaisse coquille atteignait parfois quatre mètres de long. Plus tard celle-ci s'incurve ou s'enroule. Les nautiloïdés du Mésozoïque et du Tertiaire présentaient les mêmes caractéristiques que le *Nautilus* moderne.

Les sutures des nautiloïdés sont simples. A coquilles droites, sutures droites, à coquilles spiralées, sutures ondulées.

Ci-dessous : *Arietites*, une grande ammonite du Jurassique.
A droite : *Australoceras*, une ammonite du Jurassique à coquille déroulée.

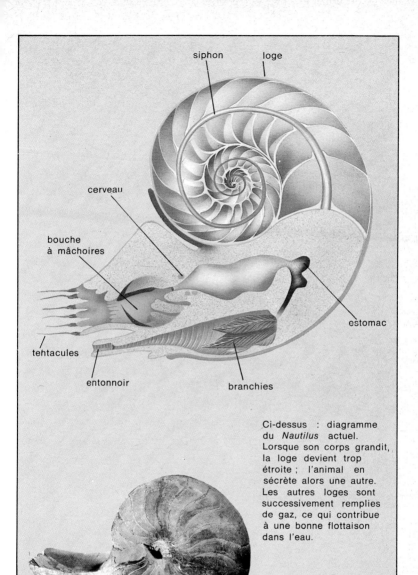

siphon loge

cerveau

bouche
à mâchoires

tehtacules

entonnoir

estomac

branchies

Ci-dessus : diagramme du *Nautilus* actuel. Lorsque son corps grandit, la loge devient trop étroite ; l'animal en sécrète alors une autre. Les autres loges sont successivement remplies de gaz, ce qui contribue à une bonne flottaison dans l'eau.

A gauche : *Nautilus Inornatus*, un nautiloïdé du Jurassique.

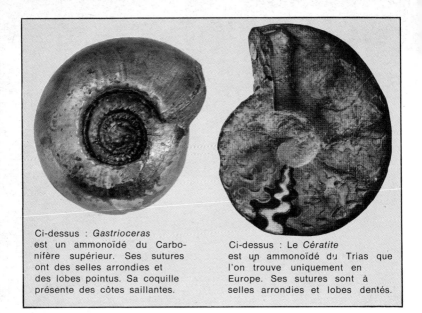

Ci-dessus : *Gastrioceras* est un ammonoïdé du Carbonifère supérieur. Ses sutures ont des selles arrondies et des lobes pointus. Sa coquille présente des côtes saillantes.

Ci-dessus : Le *Cératite* est un ammonoïdé du Trias que l'on trouve uniquement en Europe. Ses sutures sont à selles arrondies et lobes dentés.

Les ammonoïdés et les ammonites

Les ammonoïdés sont probablement issus d'un nautiloïdé droit du Dévonien. Les ammonoïdés sont divisés en trois groupes. Les goniatites ont des sutures en zigzag. Les ondulations convexes vers l'avant (vers l'orifice) s'appellent des *selles,* et concaves vers l'arrière des *lobes.* Les cératites constituent le groupe le plus avancé des ammonoïdés et montrent une ligne de sutures à selles arrondies et lobes dentelés. Les véritables ammonites apparurent au Trias. Elles présentent des sutures extrêmement compliquées. Typiques du Jurassique et du Crétacé, elles disparurent à la fin du Mésozoïque. Elles sont très recherchées, tant par les collectionneurs que par les géologues. Il en existe de multiples sortes pour une période assez brève, de quelques milliers d'années, ce qui permet aux géologues de dater précisément les roches abritant ces fossiles. Leur abondance et leur grande variété enchantent les collectionneurs. Quant à leur taille, elle peut aller de plusieurs centimètres à trois mètres de diamètre. Les coquilles se distinguent par des côtes fortement marquées qui, contrairement à ce que l'on pourrait croire, ne suivent pas les lignes de suture. Quelques ammonoïdés, tel *Australoceras* (p. 80) ont des coquilles déroulées.

Comme les gastéropodes (p. 76), les ammonoïdés peuvent rentrer dans leur coquille et l'obturer avec une cloison. Pour cela, certaines ammonites sécrètent une paire de plaques de calcite ; d'autres ne sécrètent qu'une plaque cornée.

Les bélemnoïdés et leur famille

Les pieuvres, les seiches, les calmars et les bélemnoïdés appartiennent tous au même groupe de céphalopodes. Les bélemnoïdés les plus anciens apparurent au Carbonifère, connurent leur heure de gloire pendant le Mésozoïque et disparurent vers la fin de l'Éocène.

L'évolution des bélemnoïdés conduisit, au cours du Mésozoïque, à l'apparition des trois autres groupes. Les fossiles de pieuvres sont rares, à cause de leur corps entièrement mou. Des squelettes fossilisés de calmars (parfois géants) ont été découverts dans les roches du Jurassique et du Crétacé. L'évolution des seiches est la moins mystérieuse. Les spécimens trouvés dans les roches du Tertiaire témoignent de l'accroissement progressif de leur taille, de la disparition du *rostre* et de l'aplatissement de leur corps.

On appelle bélemnites les fossiles de bélemnoïdés qui ont la forme d'une balle de fusil. Ces fossiles, les plus courants, sont uniquement constitués par les rostres des squelettes originaux. Cependant, on peut parfois découvrir des squelettes entiers dans des roches polies.

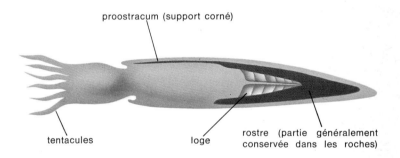

proostracum (support corné)

tentacules

loge

rostre (partie généralement conservée dans les roches)

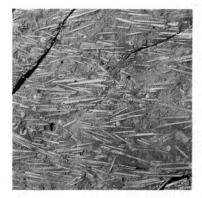

Ci-dessus : Coupe d'un bélemnoïdé. Certains fossiles de bélemnites font apparaître les empreintes de ces créatures à l'aspect de calmars. Aujourd'hui encore, nous ignorons la forme réelle que pouvaient avoir les bélemnoïdés. Certains bélemnoïdés ont des rostres à diamètre constant (mise à part l'extrémité pointue) ; d'autres ont des rostres en forme de cône.

A droite : Cimetière de bélemnites.

Les brachiopodes

Les brachiopodes ressemblent étonnamment aux bivalves. Il fut un temps où les biologistes, croyant que les deux bras du *lophophore* (voir diagramme ci-dessous) correspondaient aux pieds des mollusques, classèrent dans cette catégorie les brachiopodes.

On peut facilement distinguer les coquilles des brachiopodes de celles des mollusques bivalves. Chez les bivalves, les valves sont irrégulières dans leur forme mais en tout point semblables, alors que chez les brachiopodes, elles sont symétriques et inégales.

De tous les fossiles, ceux des brachiopodes comptent parmi les plus répandus. On les trouve dans les roches de tous les âges, depuis le Cambrien inférieur jusqu'au Tertiaire supérieur. La plus grande partie des trente mille espèces connues vivait pendant l'ère paléozoïque et déclina progressivement au cours du Mésozoïque. Il n'existe plus aujourd'hui que deux cent cinquante espèces vivantes.

Les brachiopodes sont des animaux marins. Ils sont divisés en deux groupes principaux. La forme la plus courante est représentée par les brachiopodes *articulés.* Chez ces animaux, l'articulation des valves se fait grâce à une charnière à dents. Chez les brachiopodes *inarticulés,* comme la *Lingula* (voir p. 85), les valves sont jointes de façon approximative par un système de muscles.

Un brachiopode se fixe sur la roche au moyen de son *pédoncule* qui peut sortir d'une ouverture existant à l'extrémité de l'une des valves ou lui être simplement attaché. Cette valve, qui est généralement la plus grande, prend le nom de *valve pédonculaire,* et l'autre celui de *valve brachiale.*

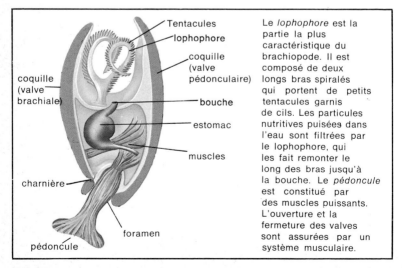

coquille (valve brachiale)

charnière

pédoncule

foramen

Tentacules

lophophore

coquille (valve pédonculaire)

bouche

estomac

muscles

Le *lophophore* est la partie la plus caractéristique du brachiopode. Il est composé de deux longs bras spiralés qui portent de petits tentacules garnis de cils. Les particules nutritives puisées dans l'eau sont filtrées par le lophophore, qui les fait remonter le long des bras jusqu'à la bouche. Le *pédoncule* est constitué par des muscles puissants. L'ouverture et la fermeture des valves sont assurées par un système musculaire.

1. *Strophomena* est un brachiopode de l'Ordovicien. La valve brachiale, visible sur cette photo, est convexe et sa valve pédonculaire concave. La charnière est longue et rectiligne.

2. *Spirifer*, un brachiopode du Carbonifère. Les deux valves sont convexes et le crochet large.

3. *Terebratula* est une forme commune dans les roches du Trias au Tertiaire supérieur. Ses valves sont très convexes et sa charnière courte. Le *foramen,* ouverture ronde par lequel sort le pédoncule, est visible sur cette photo.

4. *Lingula* est un brachiopode inarticulé qui apparut pour la première fois dans les roches ordoviciennes. Elle vit encore de nos jours.

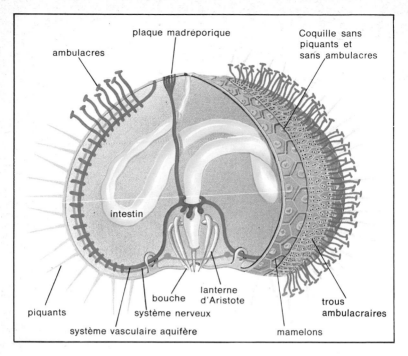

ambulacres

plaque madréporique

Coquille sans
piquants et
sans ambulacres

intestin

lanterne
d'Aristote

bouche

système nerveux

trous
ambulacraires

piquants

système vasculaire aquifère

mamelons

Les échinodermes

Les échinodermes comprennent les oursins, les lis de mer, les étoiles de mer, les ophiures et les concombres de mer. A l'exception de ces derniers, ils se caractérisent par un squelette interne composé de plaques à six faces. Chez les oursins, ces plaques sont soudées ensemble et forment un *test* protecteur. Le squelette des autres échinodermes est plus souple.

Les échinodermes disparus

Citons, parmi les plus importantes, les cystoïdes et les blastoïdes. Les cystoïdes, apparus au Cambrien supérieur, se distinguaient par un corps globuleux et des plaques disposées de manière irrégulière. On trouve leurs fossiles dans les roches datant du Cambrien au Dévonien. Les blastoïdes furent répandus de l'Ordovicien au Permien. Outre un calice formé par des plaques porté par une longue tige, ils disposaient d'organes respiratoires complexes. Des bras, insérés sur le calice, servaient à attraper les proies.

Les oursins et les lis de mer

La collection de fossiles d'oursins et de lis de mer est très riche. Les oursins (échinides) sont divisés en deux classes principales.

Ci-contre : Diagramme
d'un oursin moderne. Les
piquants situés sur la
surface orale sont souvent
destinés à la locomotion.
Les ambulacres peuvent
servir d'organes sensoriels,
respiratoires ou locomo-
teurs ; tout dépend de leur
localisation. Les ambulacres
font partie du *système
vasculaire aquifère* qui
est relié à l'extérieur par
la plaque madréporique.
Les ambulacres sont dis-
posés en dix rangées,
ou *zones ambulacraires*.
La lanterne d'Aristote
sert de support à cinq
longues dents pointues
qui arrachent les algues
des roches.
A droite en haut :
Echinocorys, un échinide
irrégulier ayant vécu du
Crétacé au Paléocène.
A droite en bas :
Hemicidaris, un échinide
régulier du Jurassique
et du Crétacé.
Ci-dessous : *Clypeaster*,
un échinide irrégulier
répandu de l'Eocène au
Tertiaire supérieur. Il
se distingue par des
ambulacres en forme
de pétales.

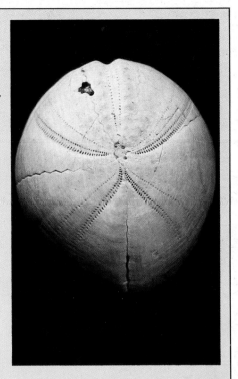

A droite : *Ophioderma,*
un ophiuridé du
Jurassique inférieur.

Les échinides *réguliers* sont globuleux ou aplatis, à cinq branches. Les échinides *irréguliers* possèdent une symétrie bilatérale. Les ancêtres des oursins prospérèrent à l'Ordovicien et au Silurien. Le véritable oursin, rare dans les roches du Paléozoïque, est communément trouvé dans les calcaires du Mésozoïque et du Tertiaire, et surtout dans ceux du Crétacé.

Ci-dessous : *Dichocrinus,*
crinoïde (ou lis de mer)
qui hanta les mers
d'Amérique du Nord
au Carbonifère. Le calice
est composé de quelques
grandes plaques. Les
bras, longs et plumeux,
sont similaires à ceux
des crinoïdes modernes.

Les lis de mer, ou crinoïdes, dominèrent l'ordre des échinodermes pendant le Paléozoïque. Formés d'un calice porté par une longue tige, ils étaient munis de bras ramifiés qui attrapaient les particules nutritives. Les espèces fixées par un pédoncule, très abondantes au Carbonifère, déclinèrent au Jurassique. Les lis de mer sont aujourd'hui essentiellement représentés par des formes libres.

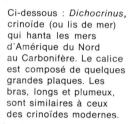

Etoiles de mer et ophiures

Les fossiles d'étoiles de mer (astéries) et d'ophiures (ophiurides) apparaissent pour la première fois dans les roches de l'Ordovicien. Il est rare de rencontrer des spécimens entiers car le squelette se désintègre rapidement.

Les concombres de mer

Les concombres de mer (holothurides) ne possèdent pas le squelette interne des échinodermes. Leur peau épaisse est hérissée de corpuscules en forme d'épi, ou spicules, que l'on peut facilement reconnaître en les observant au microscope.

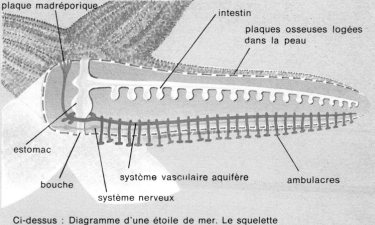

plaque madréporique

intestin

plaques osseuses logées
dans la peau

estomac

bouche

système nerveux

système vasculaire aquifère

ambulacres

Ci-dessus : Diagramme d'une étoile de mer. Le squelette
est formé de plaques osseuses logées dans la peau.
Les ambulacres servent d'organes locomoteurs.
L'animal les utilise aussi pour maintenir une proie. Lorsque
celle-ci est trop volumineuse pour être avalée, l'étoile de
mer sort son estomac et enveloppe sa proie. La digestion,
dans ce cas précis, commence à l'extérieur du corps.
Ci-dessous : *Palasterina*, une étoile de mer du Dévonien
inférieur trouvée en Allemagne.

Les graptolites

Les graptolites forment un groupe d'animaux aussi mystérieux qu'important. Leurs fossiles se trouvent uniquement dans les roches du Paléozoïque. Leur véritable aspect nous est encore inconnu.

Comme les bryozoaires, les graptolites vivaient en colonies, dont chacun des membres, ou *rhabdosome,* habitait une cupule ou *thèque.* Cette similitude incita les paléontologistes à rapprocher les deux espèces. Mais il semble aujourd'hui admis que les graptolites sont apparentés aux ptérobranches — un groupe rare, encore présent dans les océans actuels. Certaines caractéristiques les désignent comme appartenant au grand groupe des cordés, qui comprend également les ascidies et les vertébrés (animaux à colonne vertébrale ou ossature dorsale).

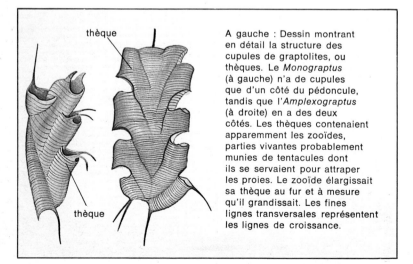

thèque

thèque

A gauche : Dessin montrant en détail la structure des cupules de graptolites, ou thèques. Le *Monograptus* (à gauche) n'a de cupules que d'un côté du pédoncule, tandis que l'*Amplexograptus* (à droite) en a des deux côtés. Les thèques contenaient apparemment les zooïdes, parties vivantes probablement munies de tentacules dont ils se servaient pour attraper les proies. Le zooïde élargissait sa thèque au fur et à mesure qu'il grandissait. Les fines lignes transversales représentent les lignes de croissance.

Les graptolites et leur utilité stratigraphique

Les plus anciens graptolites, comme *Dictyonema*, sont appelés dendroïdes. Possédant au départ de nombreuses ramifications, parfois reliées par des tubes étroits, les graptolites les ont progressivement perdues : depuis *Tetragraptus* (quatre bras) et *Dicranograptus* (deux bras) jusqu'à *Monograptus* (un seul élément). Les graptolites sont de bons fossiles stratigraphiques. Ils permettent d'échelonner et de dater les roches puisqu'ils correspondent à une période bien délimitée.

Ci-dessus : Série de graptolites montrant la complexité décroissante des ramifications à mesure que les animaux évoluaient. De droite à gauche : *Dictyonema* (Cambrien), *Dichograptus*, *Tetragraptus* et *Dicranograptus* (Ordovicien), *Rastrites* et *Monograptus* (Silurien).

Ci-dessous : *Didymograptus*, un graptolite de l'Ordovicien.

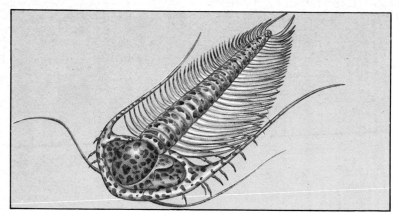

Ci-dessus : Dessin
de *Paradoxides,* un
trilobite du Cambrien
moyen.
Ci-dessous : Un fossile
de *Paradoxides* (Afrique,
Australie, Europe,
Amérique du Nord).
En bas : *Triplagnostus,*
un trilobite du Cambrien
(Asie, Australie, Europe
et Amérique du Nord).
La queue et la tête
de cette minuscule
créature (moins d'un
centimètre de long)
étaient très similaires.

Les trilobites

Ce groupe fossile fait partie des arthropodes (littéralement : pieds-articulés).
Comme les autres arthropodes (crustacés,
insectes et arachnides), les trilobites ont
un squelette externe et un corps divisé en
segments articulés. Leur corps comporte
trois parties : le *céphalon* (tête), le *thorax*
(corps) et le *pygidium* (queue). Le céphalon montre en sa partie centrale un ren-
flement, connu sous le nom de *glabelle*
et entouré par les joues. Chaque joue porte
un œil, légèrement proéminent.

L'âge des trilobites

Les trilobites les plus anciens virent le
jour au Cambrien inférieur. Ils évoluèrent
rapidement, prospérèrent au cours de l'Ordovicien puis diminuèrent progressivement
d'importance. S'ils sont relativement abondants dans les couches rocheuses du Silurien et du Dévonien, les fossiles de trilobites sont quasi inexistants dans celles du
Carbonifère et du Permien. A en juger
par le nombre et la variété des formes
fossilisées trouvées dans les roches cambriennes, l'origine des trilobites doit remonter aux temps précambriens. Ces animaux
étaient hautement spécialisés. Certains flottaient librement dans l'eau, d'autres ram-
paient sur le fond marin.

A gauche :
Trinucleus, un
trilobite de
l'Ordovicien
(Europe).

Ci-dessus : *Cryptolithus*,
un trilobite de l'Ordovicien
(Europe et Amérique du Nord).
A droite : *Isotelus*, un
trilobite de l'Ordovicien
(Asie, Europe et Amérique
du Nord). Sa tête et sa queue
avaient approximativement
la même taille.

A gauche :
Dalmanites, un
trilobite du Silurien
et du Dévonien.
On le trouve dans
le monde entier.
Sa queue portait,
à son extrémité,
un petit piquant.

Les crustacés

Les crustacés sont des arthropodes munis d'appendices ramifiés : les pattes et les antennes. Ils sont presque tous aquatiques. Les crustacés ont des membres nombreux et différenciés, selon qu'ils veulent se mouvoir, nager ou puiser de l'oxygène dans l'eau. Les crustacés comprennent les ostracodes, les branchiopodes, les cirripèdes et les malacostracés.

Les ostracodes

Un ostracode est un organisme minuscule de quelques millimètres de long ; son corps est enfermé dans une coquille bivalve faite de carbonate de calcium. Les formes des coquilles et leurs motifs sont des plus variés. Chaque genre d'ostracode caractérise une période précise, d'où son utilité pour dater les roches.

Les branchiopodes

Les branchiopodes se distinguent par une carapace formée de deux valves et faite d'une substance particulière : la *chitine*. Les branchiopodes furent particulièrement abondants au Trias.

Les cirripèdes

Les cirripèdes, ou bernacles, sont très différents des autres crustacés. Ils sont en permanence fixés sur une roche ou un objet quelconque. De fines plaques de carbonate de calcium entourent le corps de l'animal. Celui-ci est dépourvu de pattes mais se sert d'appendices délicats pour attraper sa nourriture. On trouve les fossiles de bernacles dans les roches de tous les âges depuis le Paléozoïque jusqu'au Tertiaire supérieur. Si la plupart sont minuscules, certains spécimens atteignent dix centimètres de long.

Les malacostracés

Les malacostracés comprennent les crabes, les homards, les crevettes. Leurs fossiles apparaissent dans les roches du Cambrien et sont très répandus à partir du Mésozoïque.

A gauche : *Meyeria*, un homard du Crétacé inférieur.

A droite : *Archaeogeryon*,
un crabe du Miocène.
Ci-dessous : *Eryon*,
un crabe du Jurassique.
Ces deux animaux sont
membres du groupe des
malacostracés.

Les insectes et les arachnides

Les insectes sont, parmi les arthropodes, un groupe dont les individus n'ont que six pattes. Leurs fossiles caractérisent des lieux bien précis ; en effet, leurs corps délicats ne pouvaient se conserver que dans des conditions particulières. Les vestiges d'anciens marais, comme les gisements houillers, sont souvent riches en insectes fossilisés.

Les arachnides possèdent généralement huit pattes. Ce groupe englobe les scorpions, les euryptéridés et les araignées. Les premiers scorpions virent le jour au Silurien. Des espèces intégralement terrestres firent leur apparition au cours du Carbonifère. Les euryptéridés, ou scorpions de mer, étaient les plus grands des arthropodes. Ils vivaient probablement dans les lagons. Leur passage sur terre dura de l'Ordovicien au Carbonifère. Il faut remonter au Dévonien pour rencontrer les premières araignées. Tout comme les insectes, elles n'ont pu se conserver que dans les marécages.

A droite : *Cyclopthalmus,* un scorpion du Carbonifère supérieur.
Ci-dessous : Fossile d'euryptéridé.
En bas : Une reconstitution de *Pterygotus,* le plus grand euryptéridé connu. Cet animal pouvait mesurer jusqu'à 3 m. Comme la plupart des arachnides, les euryptéridés étaient munis d'une paire de pinces fixées sur la tête, suivie de quatre paires de pattes ambulatoires et d'une paire d'appendices en forme de pagaie.

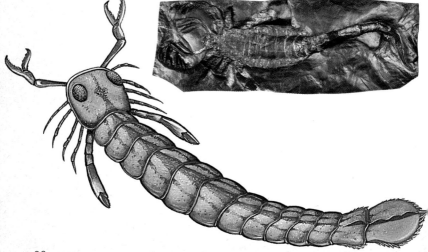

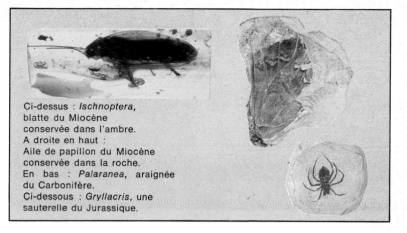

Ci-dessus : *Ischnoptera*,
blatte du Miocène
conservée dans l'ambre.
A droite en haut :
Aile de papillon du Miocène
conservée dans la roche.
En bas : *Palaranea*, araignée
du Carbonifère.
Ci-dessous : *Gryllacris*, une
sauterelle du Jurassique.

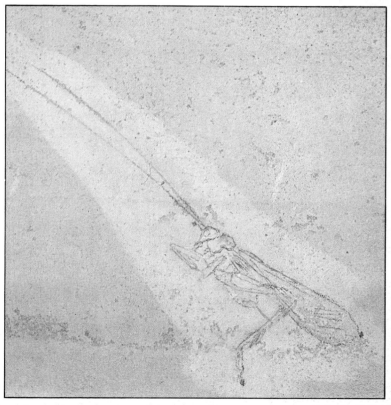

Les premiers poissons

Les premiers vertébrés connus sont les ostracodermes — poissons sans mâchoire. Les plus grands mesuraient environ vingt centimètres de long. Les ostracodermes sont divisés en trois groupes : les céphalaspidés, les ptéraspidés et les anaspidés.

Les poissons sans mâchoires

Les céphalaspidés, comme *Cephalaspis* ou *Hemicyclaspis,* sont remarquables par leur tête que protégeait un grand bouclier fait d'un os plat d'un seul tenant. Par une simple fente, ils aspiraient l'eau et la vase dont ils tiraient leur nourriture. La tête des ptéraspidés, comme *Pteraspis* et *Drepanaspis,* était aussi protégée par une carapace formée, quant à elle, de plusieurs plaques osseuses. Les anaspidés, comme *Jamoytius,* étaient de petits poissons à tête non aplatie et dépourvue de bouclier protecteur ; ils sont probablement apparentés aux lamproies et aux myxinoïdés modernes.

Les ostracodermes, nés au Silurien, prospérèrent tout au long du Dévonien inférieur et s'éteignirent au Dévonien moyen.

Les poissons avec mâchoires et cuirasse

Les premiers poissons à mâchoires connus sont les placodermes. Une armure osseuse leur protégeait la tête. Leurs mâchoires étaient formées par deux éléments distincts de cuirasse. Les deux groupes principaux étaient les antiarches et les arthrodires.

Les antiarches, comme *Bothriolepis,* étaient relativement petits et trouvaient leur nourriture dans la vase. Le revêtement osseux de leurs nageoires antérieures leur servait sans doute à se mouvoir sur le fond marin. Les arthrodires étaient généralement de petite taille, mais *Titanichtys* (deux mètres) et *Dinichtys* (neuf mètres) avaient une taille impressionnante, ce qui en faisait de redoutables

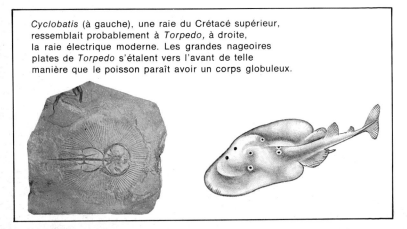

Cyclobatis (à gauche), une raie du Crétacé supérieur, ressemblait probablement à *Torpedo,* à droite, la raie électrique moderne. Les grandes nageoires plates de *Torpedo* s'étalent vers l'avant de telle manière que le poisson paraît avoir un corps globuleux.

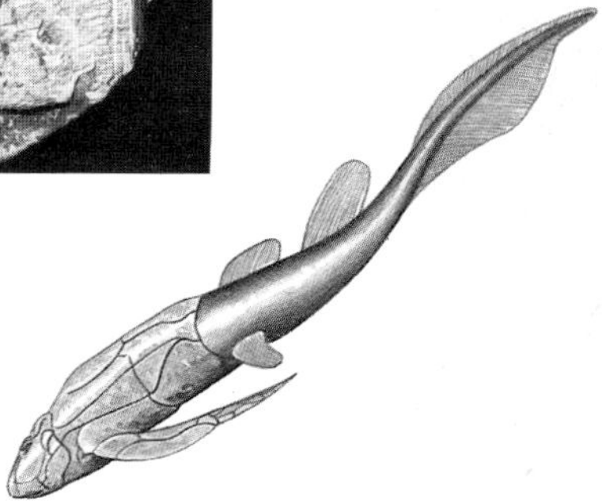

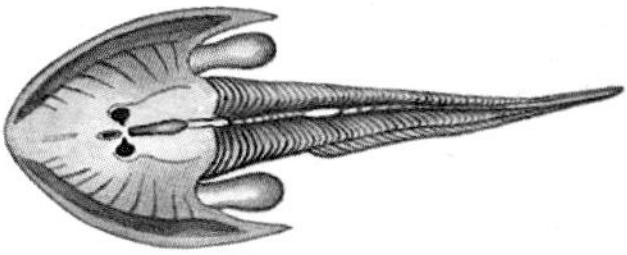

Ci-dessus : Ce fossile
de *Bothriolepis* (placoderme)
permet de distinguer nettement
la carapace de la tête et des
nageoires antérieures.
Ci-contre : Reconstitution
de *Bothriolepis*.

En haut à droite : Un fossile
de *Cephalaspis* (ostracoderme).
En bas à droite : Une
reconstitution de
Cephalaspis. Sa carapace
lui permettait probablement
d'échapper à des prédateurs
féroces, tels les euryptéridés.

prédateurs. Les placodermes, nés au Silurien, furent abondants au Dévonien et disparurent au cours du Permien.

Les poissons à squelette de cartilage

Ils apparurent au Dévonien. Les requins du Paléozoïque, tel *Cladoselache,* possédaient des dents acérées et se nourrissaient de poissons. Ils frôlèrent l'extinction, ainsi que les raies, au Permien et au Trias. Au début du Mésozoïque ils avaient acquis des dents aplaties pour broyer les mollusques. Les formes modernes évoluèrent au cours du Jurassique. Actuellement, à l'exception de quelques requins, tous les poissons cartilagineux ont les dents pointues et tranchantes.

A gauche : *Eocoelopona*,
poisson osseux de
l'Eocène. Ce spécimen
a été découvert dans
les couches argileuses
du bassin de Londres.

Les poissons osseux

Les poissons osseux sont aujourd'hui les plus nombreux en eau
douce ou salée. Les poissons aux nageoires à rayons, apparus
au Dévonien, en constituent le groupe dominant. Tout comme
les placodermes, les premiers poissons de ce type avaient la tête
protégée par une cuirasse osseuse qui disparut progressivement.
De même, leur queue changea de forme et leur corps se fit plus
court. Ils acquérirent une *vessie natatoire* emplie d'air qui leur
permettait de flotter sans effort. A la fin du Jurassique, ils
avaient subi de nombreuses transformations (écailles plus minces,
moins d'os crâniens). Ils se sont depuis lors très diversifiés.

Les poissons à nageoires à lobes

Les poissons à lobes étaient communs pendant le Dévonien. Leurs
nageoires étaient portées par des lobes musculaires qui ressemblaient à des membres courts et tronqués. Ce groupe comprend
les cœlacanthes et divers types de poissons à poumons, dont les
rhipidistiens (voir *Eusthenopteron* p. 102). Cet ordre s'éteignit à
la fin du Paléozoïque.

A droite : *Portheus
(Xiphactinus),* poisson
géant du Crétacé
atteignant jusqu'à cinq
mètres de long. Celui-ci
a avalé un poisson
de deux mètres de long
avant de mourir ; la
proie a été parfaitement
conservée dans son
corps. Ce spécimen est
le plus grand fossile
de poisson osseux connu.

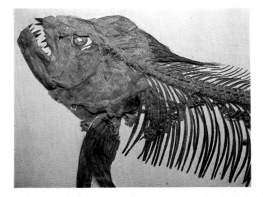

Ci-dessus : *Leptolepis*, poisson osseux du Jurassique supérieur. Ce fossile a été découvert en Allemagne.

Au Tertiaire, les poissons osseux étaient aussi nombreux que variés. Ci-dessus : Fossile d'*Eoplatax*, poisson osseux de l'Eocène. A droite : *Sygnathus*, serpent de mer du Pliocène.

A gauche :
Eusthenopteron, un rhipidistien du Dévonien. Son évolution contribua à l'apparition des amphibiens. La scène du Dévonien supérieur (voir p. 38) nous renseigne sur l'aspect réel qu'avait cet animal de son vivant.

Les amphibiens

Pendant les périodes dévonienne, carbonifère et permienne, de nombreux plans d'eau s'asséchèrent. Contraints de quitter leur habitat, les poissons durent ramper sur le sol avant de trouver une nouvelle étendue d'eau. Ceux qui survécurent s'étaient probablement adaptés à la nourriture terrestre. Ces deux faits expliquent l'évolution des amphibiens. Certains poissons perdirent leurs nageoires à lobes et acquérirent des membres robustes leur permettant de marcher. La vessie natatoire des poissons osseux se transforma en un véritable poumon chez les amphibiens.

Citons, parmi les plus anciens des amphibiens, les labyrinthodontes, tels *Ichthyostega* (voir p. 39) et *Eryops* (voir p. 41 et ci-dessous). Ces créatures immenses et lourdaudes apparurent au Dévonien, prospérèrent au Carbonifère et s'éteignirent au Trias. Les fossiles de grenouilles et de crapauds apparaissent pour la première fois dans les roches du Mésozoïque inférieur. Quant aux fossiles de tritons et de salamandres, on les trouve uniquement dans les couches rocheuses formées au début du Tertiaire.

Reconstitution du squelette d'*Eryops* (labyrinthodonte).

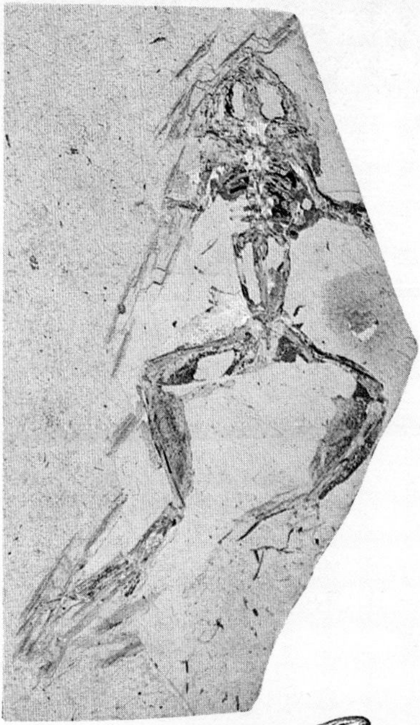

A gauche : *Rana pueyoi navas,*
une grenouille de l'Oligocène.
Ce type de fossile, qui
laisse apparaître les empreintes
de la peau et de la chair,
est abondant dans les
couches rocheuses de
l'Oligocène, en Espagne.

Ci-dessous : Fossile (en bas)
et dessin (en haut)
d'*Andrias scheuchzeri,*
salamandre géante du
Miocène.
Elle atteignait jusqu'à
60 centimètres de long.

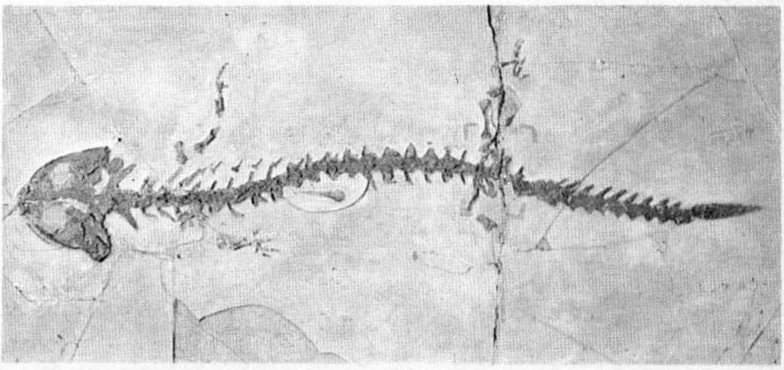

Les reptiles

Les reptiles furent les premiers animaux intégralement terrestres. Leur peau épaisse leur offrait une certaine protection. Contrairement aux amphibiens, ils ne dépendaient pas de l'eau pour leur procréation, ce qui explique la rapidité avec laquelle ils colonisèrent la Terre.

Les reptiles de souche

Les premiers reptiles, les cotylosauriens, sont habituellement qualifiés de *reptiles de base* ou *de souche*, car c'est d'eux que sont issus tous les autres. Ces animaux dérivés des amphibiens évoluèrent au cours du Carbonifère et s'éteignirent au Trias. Leur corps massif s'appuyait sur des pattes courtes et trapues. Les premiers reptiles vivaient en Laurasie (voir p. 35) mais ils se répandirent rapidement dans le monde entier. On a découvert des fossiles du *Pareiasaurus* en Russie et en Afrique du Sud.

Les reptiles mammaliens

Les plus anciens reptiles mammaliens (à l'aspect de mammifères) furent les pélycosauriens. Certains, comme *Dimetrodon* et *Edaphosaurus,* portaient sur leur dos une voile qui les aidait probablement à maintenir la température de leur corps à un degré constant. Les pélycosauriens s'éteignirent au début du Trias, laissant derrière eux un groupe de reptiles mammaliens qui allait connaître un succès important : les thérapsidés. Celui-ci comprenait *Dicynodon, Lystrosaurus* et *Cynognathus.* L'évolution des thérapsidés au Trias et au Jurassique conduisit à l'apparition des mammifères.

Les reptiles marins

A peine les reptiles avaient-ils réussi à s'adapter à la vie sur terre que certains d'entre eux entreprirent de retourner à l'eau. Ils durent subir de nombreuses transformations en sens inverse. Ainsi, les ichtyosaures acquièrent les caractéristiques propres aux poissons. Les membres des plésiosaures se réduisirent à l'état de pagaies plates. Les grands reptiles marins dominèrent les mers au Mésozoïque.

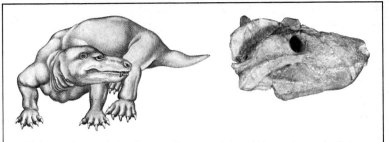

Ci-dessus à gauche : *Cynognathus*, un thérapsidé carnivore du Trias. Son corps volumineux était typiquement reptilien, mais son crâne (à droite) présentait maintes caractéristiques mammaliennes.

Ci-dessus : L'extraction d'un squelette de plésiosaure (voir p. 42) exige beaucoup de labeur et de patience.
A gauche : Fossile et dessin (ci-dessous) de *Diadectes*, créature du Permien. Nul ne sait vraiment s'il s'agit d'un amphibien ou d'un reptile primitif.

Ci-dessous : Tête d'un ichtyosaure (voir p. 42). Noter les longues mâchoires garnies de dents acérées. Chaque œil était entouré par un anneau de plaques osseuses.

Fossile et dessin de *Rhamphorhynchus*, un ptérosaure du Jurassique. Le bord antérieur de l'aile était fixé au bras, et en particulier au quatrième doigt, très allongé.

Les reptiles terrestres

Les chéloniens (tortues de mer et de terre), les squamates (lézards et serpents), les rhynchocéphaliens et les thécodontiens sont tous issus des cotylosaures. Le *Sphénodon* est le seul rhynchocéphale qui subsiste de nos jours. Les thécodontiens ont eu une place très importante dans l'évolution animale. Ces créatures sveltes et rapides, qui se déplaçaient avec agilité sur leurs pattes arrière, furent les ancêtres des crocodiles, des oiseaux, des ptérosaures et des dinosaures.

Les dinosaures

Les dinosaures régnèrent sur la terre au Jurassique et au Crétacé. Les deux principaux groupes sont les saurischiens et les ornithischiens. La différence fondamentale entre ces deux types tient à la forme de la ceinture pelvienne (proche du lézard chez les saurischiens et semblable à celle de l'oiseau chez les ornithischiens).

L'ordre des saurischiens comprend les théropodes et les sauropodes. Les théropodes regroupent tous les dinosaures carnivores, comme *Ornitholestes* et *Allosaurus* (p. 44), *Ornithomimus* (p. 46), *Tyrannosaurus* et *Megalosaurus*. Les sauropodes, dont font partie *Brachiosaurus* (p. 44), *Diplodocus* et *Brontosaurus,* étaient des herbivores géants.

L'ordre des ornithischiens est divisé en quatre groupes. *Stegosaurus* (p. 44) et *Ankylosaurus* forment chacun un groupe à eux tout seuls. Les céraptosiens comprennent tous les dinosaures à cornes du Crétacé supérieur, comme *Protoceratops* et *Triceratops*

(p. 108). Les ornithopodes constituent le quatrième groupe. On y trouve *Iguanodon* (p. 109), *Camptosaurus* (p. 44) et les habrosaures, comme *Lambeosaurus* (p. 46) et *Corythosaurus*.

Les os de dinosaures apparurent dans le répertoire des fossiles longtemps avant d'être identifiés, au début du XIXᵉ siècle. On a trouvé depuis lors de nombreux fossiles à travers l'Europe, en Afrique du Sud, en Amérique du Sud et du Nord et en Asie.

A gauche : Fossile de *Diplodocus* (sauropode). Et, ci-dessous, reconstitution de ce géant qui atteignait jusqu'à vingt-quatre mètres de long et possédait un cerveau ne dépassant pas dix centimètres.

Ci-dessus : Crâne de *Triceratops,*
un ornithischien à trois cornes.
Ci-dessous : Une reconstitution
de *Triceratops,* l'un des derniers
dinosaures à apparaître au Crétacé.
Certains spécimens dépassaient
sept mètres. Leurs têtes, protégées
par une carapace, pouvaient
atteindre deux mètres de long.
La super-spécialisation de
Triceratops explique en grande
partie son extinction. Il fut
probablement incapable de
s'adapter à des conditions nouvelles.

La disparition des dinosaures

Les fossiles de dinosaures se trouvent exclusivement dans les couches rocheuses du Mésozoïque. Les ptérosaures, tels *Pteranodon* et *Rhamphorhynchus,* survécurent jusqu'à la fin du Crétacé. Les phytosaures, dont fait partie *Rutiodon,* s'éteignirent à la fin du Trias.

Les reptiles du Cénozoïque

Les reptiles modernes furent les seuls à subsister au Tertiaire. Il est à noter toutefois que les crocodiles étaient beaucoup plus répandus au Mésozoïque qu'ils ne le sont aujourd'hui. Les lézards évoluèrent probablement au cours du Trias ; il est néanmoins rare d'en trouver des fossiles dans les roches antérieures au Crétacé. Les serpents firent leur apparition à la fin du Crétacé et prospérèrent à l'Oligocène. Les tortues modernes ont l'apparence de leurs ancêtres du Trias. Il n'existe aucun fossile susceptible de nous renseigner sur leur évolution antérieure.

Ci-dessus : Crâne ayant appartenu à une espèce de *Crocodilus* de l'Eocène. Ce fossile montre que ce genre n'a guère changé d'aspect depuis son apparition.

A droite : Ces œufs fossilisés ont peut-être appartenu à *Protoceratops*. Comme les autres reptiles, les femelles dinosaures déposaient leurs œufs dans de simples trous pratiqués dans le sable.

Reconstitution d'*Iguanodon*, un ornithopode du Crétacé inférieur. Il mesurait plus de sept mètres et, debout, atteignait près de cinq mètres. Ci-dessous : Reconstitution d'un membre antérieur d'*Iguanodon*. Ses pouces étaient de fortes épines osseuses, acérées, qui pouvaient avoir une fonction défensive dans le combat au corps à corps.

Les mammifères

La plupart des fossiles se trouvent dans les roches allant de l'Eocène à l'Holocène. Des découvertes récentes révèlent cependant l'existence, au Trias, de véritables mammifères, tels *Megazostrodon,* qui descendaient des reptiles théropsidés.

Un groupe de mammifères, proche des rongeurs, apparut au cours du Jurassique : les multituberculés. Ils allaient vivre pendant cent millions d'années, plus longtemps qu'aucun autre groupe de mammifères. Mais la branche principale, composée des monotrèmes (pondeurs), des marsupiaux (à poche ventrale) et des mammifères placentaires, allait évoluer séparément pendant la dernière partie du Mésozoïque. Les mammifères modernes sont aujourd'hui en majeure partie des animaux à gestation placentaire.

Après l'extinction des dinosaures, les mammifères connurent une évolution rapide. On sait peu de choses, toutefois, sur les formes du Paléocène. La brièveté de cette époque a empêché la sédimentation d'être assez épaisse pour conserver de nombreux fossiles.

Squelette d'*Eohippus*, cheval à quatre doigts (voir aussi p. 26).

Crâne d'*Hoplophoneus*, un chat à dents de sabre de l'Oligocène (voir page 49).

Les mammifères du Paléocène

Vers la fin du Paléocène, les mammifères placentaires regroupaient vingt-six espèces distinctes, dont les insectivores constituaient une part importante. L'apparition des premiers rongeurs est plus tardive ; ils deviendront bientôt les mammifères les plus nombreux. Quelques primates également, amorcent leur évolution, qui conduira à l'apparition de l'Homme (voir p. 116 à 119).

Les mammifères carnivores sont divisés en deux groupes principaux. Les créodontes, similaires aux chats, chiens et hyènes modernes, survécurent jusqu'au Pliocène. *Hyaenodon* était un créodonte de l'Oligocène. Les carnivores proprement dits, tel *Miacis,* se développèrent au Paléocène. Tous les carnivores modernes en sont issus.

Les mammifères de l'Eocène

Nombre de mammifères à l'aspect étrange vivaient à l'Eocène. Certains groupes " expérimentaux " disparurent à la fin de cette époque.

Ci-dessous : Reconstitution de *Phenacodus* et, en bas à gauche, dessin de l'animal. *Phenacodus* vivait en Amérique du Nord et en Europe. Il faisait partie des géants des condylarthes (près de deux mètres de long). Ses pattes à cinq doigts préfiguraient les pattes à sabots des ongulés actuels.

Ci-dessus : Crâne d'*Uintatherium*, un dinocéras qui vivait en Amérique du Nord, et, à gauche, reconstitution d'*Uintatherium*. C'était un herbivore disgracieux, à la tête garnie de trois paires de protubérances osseuses. Son cerveau était minuscule ; il fut victime des grands carnivores.

Ci-dessus : La mandibule de *Palaeotherium*, un mammifère de l'Eocène à l'aspect de cheval, et, ci-dessous, un dessin de cette créature.

111

Les taéniodontes, dont faisaient partie les paresseux géants, étaient des créatures hautement spécialisées. Les tillodontes avaient l'aspect de rongeurs et une taille imposante. Les pantodontes, tels *Barylambda* (Paléocène) et *Coryphodon* (Eocène), ressemblaient à des hippopotames. Les dinoceras, comme *Uintatherium*, furent les plus grands mammifères du Tertiaire.

Les condylarthes, tel *Phenacodus*, vécurent du Paléocène à la fin de l'Eocène. Les mammifères à sabots, ou ongulés, en sont issus : *Eohippus* (p. 26-27), un des premiers, ou encore les paléothères, qui survécurent jusqu'à l'Oligocène inférieur.

Les mammifères de l'Oligocène

Au début de l'Oligocène, l'ordre des mammifères comprenait diverses espèces. Nombre d'entre elles s'éteignirent avant la fin de cette époque, probablement vaincues par la concurrence et les bouleversements climatiques. Les ongulés avaient une apparence spectaculaire. *Brontotherium* (p. 49) était le géant d'un groupe condamné à l'extinction. Nous trouvons également des rhinocéros, tel *Baluchitherium* et *Hyracodon* (p. 49), des porcs, tel *Archaeotherium* et des chameaux, tel *Poebrotherium* (p. 49). Les carnivores de l'Oligocène étaient représentés par les chats à dents de sabre, les chiens et les otaries.

Archaeotherium était un porc géant de l'Oligocène qui vivait en Amérique du Nord et en Asie de l'Est. Il avait, sur les joues, des proéminences osseuses qui lui servaient probablement à se défendre. Ses longues pattes laissent supposer qu'il courait vite (voir p. 49).

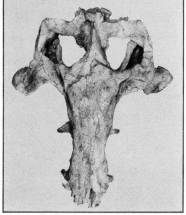

Les mammifères du Miocène et du Pliocène

Macrauchenia fut le dernier survivant de son groupe, les litopternes, de même que *Astrapotherium* (p. 113), membre des Astrapothères. Les notongulés, qui survécurent jusqu'à la fin du Pléistocène, offraient une grande variété de formes.

Certains mammifères à sabots eurent plus de succès. Les chevaux poursuivirent leur évolution (p. 27). Puis vinrent d'étranges ruminants, ancêtres supposés des girafes et des cervidés. Les antilopes évoluèrent au Pliocène supérieur.

Les mastodontes du Miocène, *Gomphotherium* par exemple, se différenciaient de leurs descendants, les éléphants, par un corps plus allongé et des pattes plus courtes. *Mastodon* apparut au Miocène et prospéra au Pléistocène.

Ci-dessus à gauche : Crâne d'*Astropotherium,* un mammifère du Miocène.
A droite : Reconstitution d'*Astropotherium.* Il vivait en Amérique du Sud et avait approximativement la taille d'un rhinocéros.

A gauche : Crâne de *Thylacosmilus* (voir dessin page 33), l'un des plus grands marsupiaux d'Amérique du Sud. Il ressemblait beaucoup aux chats à dents de sabre, tel *Hoplophoneus.*

Ci-dessous : Crâne de *Macrauchenia,* un litopterne d'Amérique du Sud. Il avait l'aspect d'un chameau, mais son nez possédait un prolongement assez court en forme de petite trompe. Certains pensent qu'il s'agissait d'un animal aquatique comme les hippopotames actuels.

Les mammifères du Pléistocène

Le début du Pléistocène vit l'apparition de trois nouveaux groupes de mammifères : les « vrais » éléphants ; le cheval moderne, *Equus ;* les bovidés, comme les bisons et les buffles. Les ours, qui avaient amorcé leur évolution au Pliocène supérieur, étaient devenus nombreux. Il y avait également beaucoup de carnivores, comme les tigres à dents de sabre et les loups. Quelques animaux à l'aspect étrange : *Glyptodon* et *Megatherium*.

Les marsupiaux

Les marsupiaux du type opossum, après avoir connu un succès certain au Mésozoïque, déclinèrent lentement, victimes des mammifères placentaires d'Amérique du Nord. En Amérique du Sud, ils purent se maintenir et survécurent jusqu'à la fin du Tertiaire. Mais la jonction des deux continents fut pour eux un désastre. La plupart des marsupiaux vivent aujourd'hui en Australie. Au Pléistocène, ce groupe était représenté par *Procoptodon* (kangourou géant), *Thylacoleo* (lion marsupial) et *Diprotodon* (phascolome géant), le plus grand de tous les marsupiaux.

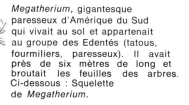

Megatherium, gigantesque paresseux d'Amérique du Sud qui vivait au sol et appartenait au groupe des Edentés (tatous, fourmiliers, paresseux). Il avait près de six mètres de long et broutait les feuilles des arbres. Ci-dessous : Squelette de *Megatherium*.

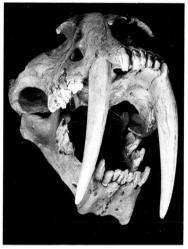

Ci-dessus et à gauche : *Smilodon* fut l'un des derniers chats à dents de sabre du Pléistocène. Il vivait en Amérique du Nord.

Ci-dessous et à gauche : *Toxodon* fut le dernier survivant des notongulés d'Amérique du Sud.

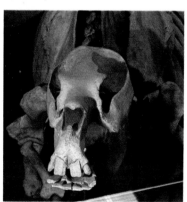

Ci-dessous et à droite : *Glyptodon*, un tatou géant du Pléistocène qui vivait dans les plaines d'Amérique du Sud.

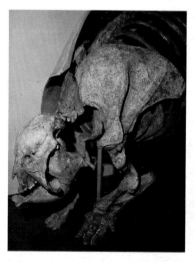

Ci-dessus : Le crâne de Taung (Botswana), découvert en 1924, était celui d'un *Australopithecus africanus* âgé d'environ six ans.

Ci-dessous : Reconstitution de l'*Australopithecus africanus*. A droite : Le crâne trouvé dans les gorges d'Olduvai (Tanzanie) reçut le nom d'*Homo habilis*. Il présentait néanmoins des caractéristiques des Australopithèques. Ci-dessous : Reconstitution de l'*Homo habilis*.

L'ascension de l'homme

Nous pouvons retracer l'évolution de l'Homme, malgré la rareté des fossiles qui la jalonnent.

Les premiers singes

Les premiers primates ont vu le jour au début du Paléocène, il y a environ soixante millions d'années. Les singes, comme *Aegyptopithecus* et *Propliopithecus*, apparurent pendant l'Oligocène, trente millions d'années plus tard. Il semble aujourd'hui admis que c'est vers la fin de cette période que la branche de l'homme se sépara de celle des vrais singes. On a découvert, en effet, dans des roches vieilles de dix millions d'années, des fragments de mâchoire d'un anthropoïde, *Ramapithecus,* qui présentent plusieurs caractéristiques humaines.

Les australopithèques

Après *Ramapithecus,* le fil de l'évolution humaine se perd quelque peu. Nous savons seulement que les australopithèques évoluèrent pendant le Pliocène et s'éteignirent au Pléistocène.

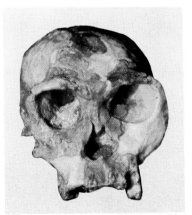

Les australopithèques comprenaient l'*Australopithecus robustus*, à l'ossature massive, et l'*Australopithecus africanus* (*Australopithecus gracilis*) de squelette plus fin. Pour certains, l'*Australopithecus africanus* est l'ascendant direct de l'homme. Des découvertes récentes faites en Afrique orientale laissent cependant à penser que l'homme primitif côtoyait les australopithèques, et ce, dès le début du Pliocène (voir carte p. 119).

Les vrais hominidés

Il est désormais certain que les vrais hominidés (créatures à l'aspect humain) existaient au début du Pléistocène. On a donné le nom d'*Homo habilis* aux fossiles trouvés dans les roches de cette époque. Des anthropologues estiment cependant que certains de ces restes appartiennent au groupe des australopithèques ; les autres seraient des formes primitives de l'*Homo erectus* (hommes-singes à station debout). En supposant que l'*Homo habilis* ait réellement existé, il est probable qu'il ait été une impasse dans l'évolution humaine. Le crâne trouvé à Olduvai (Tanzanie du Nord), *Homo 1470*, semble avoir été une forme plus évoluée que l'*Homo habilis*. Quelle que soit son origine, l'*Homo erectus* évolua au Pléistocène, conduisant à l'apparition de deux lignées d'*Homo sapiens*.

L'homo sapiens

L'homme de Néanderthal, ou *Homo sapiens neanderthalensis*, apparu il y a 100 000 ans, s'éteignit à la fin du Pléistocène. L'apparition de l'homme moderne, ou *Homo sapiens sapiens*, date de cette même époque. Il est toutefois difficile d'affirmer quels sont, parmi les fossiles primitifs de l'*Homo sapiens*, ceux qui jalonnent en ligne directe son évolution depuis l'*Homo erectus* jusqu'à l'homme moderne.

A dr. : Fragment de crâne de l'homme de Java et, ci-dessous, une reconstitution. L'*Homo erectus* avait un cerveau plus volumineux que celui des Australopithèques. Ses dents, bien que plus larges, ressemblaient beaucoup aux nôtres.

Ci-dessus : Crâne et reconstitution de l'homme de Néanderthal.

Ci-dessous : Crâne et reconstitution de l'homme de Steinheim, forme primitive de l'*Homo sapiens.*

Ci-contre : Il nous est impossible de dresser un arbre généalogique précis de l'homme, car nous ignorons quelle fut sa véritable évolution. Nous savons cependant que l'Australopithèque et l'homme de Néanderthal disparurent au Pléistocène. Nous connaissons également l'âge des fossiles découverts. Nous pouvons donc placer ces fossiles sur une carte indiquant, de manière approximative, le fil de l'évolution humaine.

1. *Aegyptopithecus.* **2.** *Propliopithecus.* **3.** *Dryopithecus* (Proconsul). **4.** *Ramapithecus.* **5.** Fossiles de Laetolil ; *Homo ?.* **6.** Fossiles d'Hadar ; *Australopithecus robustus, A. africanus, Homo erectus ?* **7.** Sterkfontein ; *A. africanus.* **8.** Sterkfontein ; *Homo ?* **9.** Olduvai ; *A. boisei* (Zinjanthropus). **10.** Taung ; *A. africanus.* **11.** Swartkrans ; *A. robustus (Paranthropus).* **12.** East Turkana (E. Rudolf) ; *Homo* **1470.** **13.** Olduvai ; *Homo habilis.* **14.** Heidelberg ; *Homo erectus.* **15.** Trinil (Java) ; *Homo erectus (Pithecanthropus).* **16.** Pekin ; *H. erectus (Sinanthropus).* **17.** *Vertesszöllös ; Homo sapiens ?* (partie de crâne). **18.** Olduvai ; *Homo erectus (Telanthropus)* (boîte crânienne). **19.** Ternifine ; *H. erectus* (mâchoire inférieure). **20.** Shanidar ; *H. sapiens neanderthalensis.* **21.** La Chapelle ; *H. sapiens neanderthalensis.* **22.** Swanscombe ; *H. sapiens* (partie de crâne). **23.** Steinheim ; *H. sapiens.* **24.** Solo ; *H. sapiens.* **25.** Mont Carmel (Skhul) ; *H. sapiens sapiens.* **26.** Broken Hill ; *H. sapiens rhodesiensis.* **27.** Mont Carmel (Tabun) ; *H. sapiens.* **28.** Cro-Magnon ; *H. sapiens sapiens.*

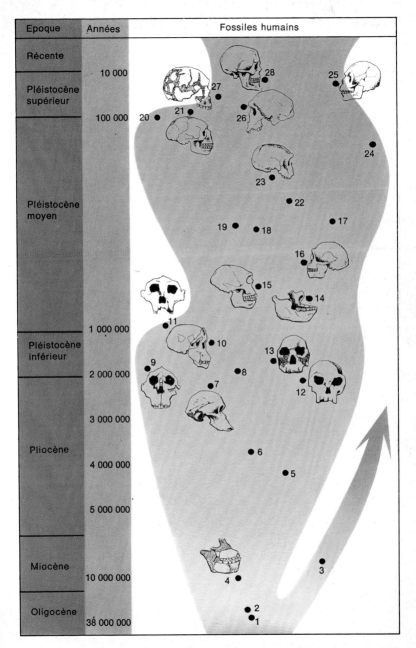

Epoque	Années	Fossiles humains

Récente

Pléistocène supérieur

Pléistocène moyen

Pléistocène inférieur

Pliocène

Miocène

Oligocène

10 000
100 000
1 000 000
2 000 000
3 000 000
4 000 000
5 000 000
10 000 000
38 000 000

Glossaire

Ambre Résine durcie des pins et d'autres conifères. Elle se présente sous forme de galets à l'intérieur desquels on trouve souvent des insectes fossilisés. Elle est abondante sur la côte balte.

Argile Mélange de minéraux aux grains fins qui, sous l'action de l'eau, se transforme en une pâte plastique. Le **schiste** est formé de couches argileuses fines et dures.

Biologie Etude des plantes et des animaux.

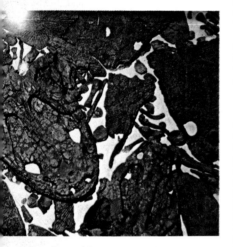

Couche rocheuse encombrée
d'os fossilisés d'amphibiens.
Ces animaux sont probablement
morts lorsque leur étang
s'est asséché.

Bon fossile Fossile qui permet d'échelonner et de dater les couches rocheuses.

Calcaire Roche composée en grande partie de carbonate de chaux. On y trouve habituellement de nombreux fossiles. Les **bancs de calcaire** sont constitués par les coraux, les algues et les animaux qui vivaient sur les récifs. Les **lits de calcaire** sont formés par les squelettes des animaux qui vivaient au fond des mers (mollusques, échinodermes, brachiopodes). Les **calcaires pélagiques** (craie) proviennent des débris d'animaux qui flottaient dans l'eau.

Calcite Carbonate de calcium. Le calcaire est constitué en grande partie de calcite.

Carbonification Processus provoqué par les pressions des sédiments accumulés, qui expulsent l'oxygène, l'hydrogène et l'azote d'un organisme, réduisant celui-ci à l'état de résidu composé en grande partie de carbone. Le fossile se présente sous la forme d'une pellicule de carbone déposée sur les couches rocheuses.

Cartilage Matière élastique et résistante souvent renforcée par du calcaire. Le squelette des raies et des requins est uniquement formé de cartilage. Moins dur que l'os, le cartilage se désintègre rapidement.

Charbon Résidus de plantes fossilisées composés de carbone pur.

Chert Nodules, compacts et durs, de calcédoine (bioxyde de silicium). On les trouve dans les calcaires.

Craie Roche blanche ou grise composée de calcaire très pur. Elle est constituée de débris minuscules d'organismes, d'algues, de coquilles et de foraminifères (voir p. 61). La plupart des craies se sont formées au cours du Crétacé.

Erosion Dégradation progressive du sol, produite par l'eau, le vent, la glace.

Espèce Le plus petit groupe dans la classification des animaux et des plantes. Les membres de la même espèce peuvent se reproduire uniquement entre eux. Plusieurs espèces peuvent appartenir au même genre.

Evolution Pendant plusieurs millions d'années, les genres ou les espèces se sont modifiés petit à petit et sont devenus pratiquement des genres nouveaux ou des espèces nouvelles. C'est ce que l'on appelle l'évolution.

Fer (mineral de) Roche qui se présente habituellement sous forme de nodules et qui est composée de minéraux riches en fer.

Genre (latin *genus*) Un certain groupe dans la classification des animaux et des plantes. Une famille peut compter plusieurs genres ; un genre peut être représenté par une seule ou plusieurs espèces ayant des caractères communs.

Géologie Etude de la Terre, de son histoire, de la nature et de la structure des roches qui la composent.

Grès Roche à grains moyens, composée essentiellement de quartz. Les grès furent primitivement déposés dans la mer et, sur terre, dans les déserts.

Invertébré Animal qui n'a pas de colonne vertébrale.

Marteau géologique Marteau en acier à tête munie d'une extrémité en forme de ciseau (ce qui permet de faire sauter les éclats de roche).

Moulage naturel Moule comblé par un minéral qui prend la forme de l'animal.

Moule Creux résultant de la dissolution du squelette d'un animal lorsque celle-ci n'est pas suivie immédiatement du dépôt de nouveaux minéraux.

Os Partie dure qui forme le squelette de la plupart des vertébrés. Ce sont d'excellents fossiles stratigraphiques. Voir aussi **Cartilage.**

Paléontologie Etude des animaux et des plantes fossilisés.

Pétrification Processus par lequel les parties molles d'un organisme sont supprimées et remplacées par de la matière minérale. On parle alors de " fossile pétrifié " (fossile changé en pierre).

Remplacement Processus par lequel la matière primitive d'une coquille ou d'un os est supprimée et remplacée par de la matière minérale.

Remplissage Processus par lequel les pores des fossiles sont comblés par des minéraux déposés par l'eau qui s'est infiltrée dans la roche.

Roches ignées Roches résultant de la consolidation de la lave chaude ou des magmas souterrains.

Roches métamorphiques Roches résultant de la transformation (ou métamorphose) de roches sédimentaires ou ignées sous l'effet de la chaleur et de la pression. On peut y trouver des fossiles déformés.

Roches sédimentaires Dépôt naturel formé par des particules agglomérées. Certains résultent de l'accumulation de débris d'animaux et de plantes, d'autres de l'érosion.

Les primates sont représentés par l'homme et les singes, tel *Dryopithecus,* qui vécut au Miocène.

Schiste Voir **Argile.**

Trace fossile Fossile qui fournit une indication sur la taille ou la forme d'un organisme (tunnels creusés par les vers, empreintes de pas, excréments d'animaux...).

Vertébré Animal qui a une colonne vertébrale.

Zone Subdivision géologique d'une roche caractérisant une période géologique. Une zone contient un certain nombre de bons fossiles.

Index